월 1억, 우리샵 비즈니스

복잡하고 불필요한 사업 설명은 이제 그만!

월 1억, 우리샵 비즈니스

전호근 지음

모아북스
MOABOOKS

누구나 한번쯤 사장이 되는 시대

2020년 35조 원 온라인 쇼핑 시장, 2023년 50조 원을 전망합니다.

국내 온라인 쇼핑 시장 규모와 전망

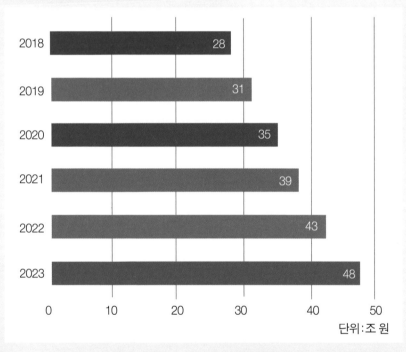

2023 국내 온라인 쇼핑 시장 규모와 전망 (출처: 곽규태 순천향대 교수)

여기에 여러분도
연봉 10억 원의 진짜 사장이 되는
비즈니스의 문이 활짝 열려 있습니다.

21세기 최고의 성공 기회, 우리샵이
여러분의 꿈을 실현해 드립니다.

연봉 10억 원의 꿈, 우리샵 비즈니스

최근 들어 주요 경제지는 온라인쇼핑몰에 심상찮은 바람이 불어 닥쳤음을 감지하고 지각변동을 예고하는 기사를 속속 내보내기 시작했다. 한국경제매거진의 한경BUSINESS가 주최하고 한국마케팅포럼이 주관하는 '대한민국소비자만족대상'에서 전대미문의 온라인쇼핑 플랫폼이 고객만족브랜드(온라인쇼핑몰) 부문 대상(2021)을 수상한 것이 계기가 된 터이기도 하다. 회원으로 가입하여 쇼핑몰에서 구매되는 모든 상품의 수익금을 캐시백으로 돌려받는 신개념 소비 플랫폼 쇼핑몰 '우리샵' 이야기다.

2014년 6월에 첫걸음을 뗀 우리샵은 내년이면 창립 10주년을 맞는다. 수년 전부터 이미 상승기류를 타기 시작한 우리샵은 "판매자와 소비자, 사업자 모두를 춤추게 하자"는 슬로건을 앞세워, 창립 10주년을 앞두고 힘차게 날아올랐다.

누구나 그렇듯, 청년이 된 나도 '무엇을 하며 살아야 하나?' 하는 고민을 비껴갈 수 없었다. 온갖 궁리 끝에 우선 성공한 부자가 되고 봐야겠다는 결심이 섰다. 부자가 되면 꿈꾸는 인생을 살 수 있을 것 같았고, 할 수 있는 일도 많아질 것 같았다.

그래서 나는 스물네 살 겨울에 네트워크 비즈니스에 발을 들였다. 30년 전 그때는 '다단계'나 '피라미드'로 불리던 비즈니스다. 거기서 무한부자의 가능성을 본 나는 거침없이 꿈의 안드로메다로 날아갔다. 저 멀리 앞서가는 꿈을 향한 필드 네트워커의 길로 나선 것이다.

비즈니스의 최전선에서 산전수전에 공중전까지 치르면서 크고 작은 성공과 실패를 숱하게 맛보았다. 크든 작든 성공은 달콤했지만, 실패는 쓰라렸다. 그런 과정에서 사업자로서의 현장 감각과 개념이 정립되고 사업자 정신이 배양되었다.

나는 네트워크 사업에 발을 들인 지 2년 만에 최고직급을 달성했고, 그 후에는 당시 굴지의 회사에서 최연소, 최단기간 억대 연봉을 달성했다.

그렇게 10년을 보냈다. 서른세 살, 기적처럼 사랑이 왔다. 평생의 반려를 만나 결혼을 하고, 이듬해 회사를 차렸다. 막연히 부자가 되는 것 말고 더 크고 구체적인 꿈이 생긴 것이다.

창업의 길은 이전에 걸어온 길과는 전혀 차원이 달랐다. 숱한 시행착오로 불면의 밤과 눈물의 세월을 보냈다. 실패의 경험이 처절한 만큼 성공을 향한 바람은 간절했다. 그렇게 또 10년을 보냈다. 숱한 실패의 경험이 성공을 부르는 노하우로 쌓이고, 사업자로서 확고한 철학이 자리를 잡았다. 그러면서 나만의 길을 찾았다. 아직 아무도 가보지 않은 길. 그러므로 처음 한 걸음을 내딛는 데 비상한 용기가 필요한 길. 새로운 길로 떠날 모든 준비는 끝났다.

2014년 6월, 마침내 우리집 쇼핑몰 '우리샵'을 론칭했다. 기존의 모든 네트워크 비즈니스는 소비 '상품'을 교체하는 마케팅이다. 이에 비해 우리샵 비즈니스는 상품이 아니라 소비 상품 구매 '공간'을 교체하는 마케팅이다. "우리 회사 제품이 왜 더 좋은지 아세요?"에서 "그거 좋은 줄 아는데, 어디서 살 거예요?"로 질문이 바뀌면서 새로운 차원의 비즈니스 기회가 활짝 열렸다. 어디서 구매하느냐가 중요한 질문이 되려면 그에 따른 보상이 확실해야 한다. 그래서 우리샵은 구매상품 마진의 90퍼센트를 소비자에게 돌려준다. 소비가 바로 소득이 되는, 우리집이 소비 플랫폼이 되는 혁명적 비즈니스가 탄생한 것이다.

우리샵은 1개의 상품으로 시작했다. 그 1개가 10개, 100개가 되고 10주년을 앞둔 지금은 누적 입점 상품이 3,400만 개를 넘어섰다. 우리샵 초기부터 비전을 공유해온 사업자들의 현재 연봉이 수억 원에 이른다. 이분들은 하나같이 감탄해 마지않는다.

"세상에! 그저 소비 공간을 바꿨을 뿐인데, 김치를 바꾼 게 아니라 김치를 사는 장소를 바꿨을 뿐인데, 연봉이 수억 원이라니…"

경제의 3주체는 기업, 가정, 국가다. 기업이 생산하고, 가정에서 소비한다. 국가는 양자 사이에서 조정자 역할을 한다. 우리샵은 바로 이 가정에 소비 플랫폼을 구축한 것이다.

그동안 순전히 돈을 쓰는 소비 대상으로만 취급받아온 가정이 우리샵 덕분에 소비를 통해 소득을 창출하게 되었다. 돈을 버는 소비 플랫폼으로써 상거래의 주체가 되는 것이다.

우리샵 비즈니스의 모든 것을 이 책에 담았다. 이 책을 통해 여러분을 연봉 10억 원의 꿈을 꿀 수 있는 우리샵 비즈니스에 초대한다. 초대에 응하는 방법은 간단하다. 우선 회원으로 가입하는 것이다.

이 책이 나오기까지 응원과 도움을 주신 모든 분에게 감사한다.

2023년 9월, 전호근

―――――― 1장 ――――――

먼저 사업성을 분석한다

2장

우리샵은 우리집 소비 플랫폼

3장

우리샵에서 제대로 돈 벌기

4장

우리샵에는 성공 시스템이 있다

5장

성공하는 우리샵 비즈니스 진행 단계

6장

비즈니스 확장을 위해 필요한 것들

소비가 곧 소득이 되는 혁신형 플랫폼 비즈니스

① 누구나 도전할 수 있는 오픈마켓

오픈마켓은 상품의 구매 또는 판매 기회가 개방된 온라인 상거래 플랫폼을 말한다. 서비스 운영자가 거래에 관여하지 않고 플랫폼을 통해 중개자 역할만 한다는 점에서 다른 전자상거래와 구분된다. 거래가 발생하면 운영자는 플랫폼 제공 대가로 사용자로부터 일정 비율의 중개수수료를 받아 수익으로 삼는다. 수수료는 5~15%로 다양하며, 판매자에게 플랫폼 내의 광고서비스를 유료로 제공하여 광고 수익을 내기도 한다.

오픈마켓을 좀 더 명확히 정의하려면 먼저 통신판매업과 통신판매중개업의 차이점을 알아야 한다. 통신판매업은 점포 없이 미디어를 활용하여 상품을 전시하고 주문을 받아 배송하는 사업이고, 통신판매중개업은 사이버몰의 이용을 허락하거나 거래 당사자 간의 통신 판매를 알선하는 사업이다.

오픈마켓은 통신판매중개업으로, 상품 판매자와 구매자를 잇는 온라인 플랫폼이다. 오픈마켓은 상품을 직매입하거나 위탁 계약하여 책임지고 판매하던 기존의 통신판매업과는 달리, 장터를 열어주는 플랫폼 역할에만 충실하고, 상품 판매와 그에 따른 모든 서비스는 입점 판매자 각자가 알아서 하도록 한다.

그런데 오프라인 상점의 티켓이나 사용권을 공동 구매하는 시스템으로 출발한 소셜커머스가 온라인 판매를 하게 되면서 오픈마켓의 시장을 잠식하게 되었다. 소셜커머스가 기존의 오픈마켓과 다른 점은 상품에 대해 플랫폼이 판매자와 공동 책임을 진다는 것이다. 갈수록 오픈마켓과 소셜커머스의 경계가 허물어져 이 둘을 구분하는 것은 더 의미가 없게 되었다.

대표적인 통신판매중개업자, 즉 오픈마켓에는 G마켓, 옥션, 이베이, 11번가, 쿠팡 등이 있다. 쿠팡은 티몬, 위메프 등과 더불어 소셜커머스 성격이 강한 온라인 쇼핑몰이다.

② 이제는 전자상거래를 넘어 플랫폼 비즈니스 시대

초연결 시대가 열리면서 전자상거래를 넘어 본격적인 플랫폼 비즈니스의 경쟁이 시작되었다. 그에 따라 전통적인 비즈니스 시스템에서 벗어나지 못한 기업은 시장에서 급격히 밀려나고 있는 데 비해 발 빠르게 디지털 전략을 수립하고 비즈니스 구조를 플랫폼으로 재편한 기업은 도약의 날개를 달고 날아오르고 있다. 앞으로 기업의 미래 생존과 경쟁력은 플랫폼의 혁신에 달려 있다 해도 과언이 아니다.

규모가 크든 작든, 벤처 기업이든 전통 기업이든 이제 디지털 플랫폼 모델과 결합하지 않고서는 생존하기 어렵다. 창의적인 비즈니스 모델로 무장한 수많은 기업이 창업 수년 만에 기업 가치 수조 원에서 수십조 원의 회사로 성장한다.

이제는 전통적인 대기업들이 아니라 혁신형 플랫폼으로 무장한 신생 기업들이 변화를 선도하고 비즈니스를 주도한다. 카카오의 사내 벤처에서 출발한 카카오엔터프라이즈는 기업에 필요한 AI 기술과 플랫폼을 제공하고, 아이티센 그룹은 한국금거래소를 인수하여 디지털 골드 플랫폼 회사로 변신시켰다. 급속도로 성장하는 한국형 플랫폼 기업들이다.

바야흐로 플랫폼 혁명의 시대다. 유통 분야도 예외는 아니다. 아니, 더욱 치열한 플랫폼 전쟁이 벌어지는 곳이 유통이고, 그중에서도 전자상거래라고 할 수 있다. 중국의 거대 소매 기업 알리바바의 자회사인 전자상거래 플랫폼 타오바오는 10억 종에 이르는 상품을 갖춰 "세계 최대의 장터"로 불린다.

플랫폼 비즈니스 전쟁에 뛰어든 이후 분투해온 우리샵은 창립 10주년을 앞두고 태풍의 눈으로 떠올랐다. 그런 우리샵의 비전은 원대하다. 국내 플랫폼 비즈니스 최강자를 넘어 아마존과 타오바오를 뛰어넘는 세계 최강자의 자리까지 넘본다. 누군가는 허풍이 심하다고 비웃을 수도 있지만, 꿈에는 허풍도 없고 한계도 없다. 그래서 꿈이다. 꿈은 가능하다고 믿는 데서 무럭무럭 자라고, 불가능하다고 불신하는 데서 말라 죽는다. 꿈은 더 멀고 높은 곳을 향한 도전과, 실패를 두려워하지 않는 용기를 먹고 산다.

③ 우리샵 비즈니스, 연봉 10억 원이 가능한 이유

우리샵은 플랫폼을 네트워크로 무한 확장해나가는 비즈니스로, 네트워크 비즈니스에 대한 개념이 정립되어야 비로소 첫걸음을 뗄 수 있다. 그런 기본적인 준비조차 없이 시작하는 사람들 대부분은 실패를 겪게 마련이다.

네트워크 비즈니스에서 성공하기 위한 가장 중요한 요소는 자기가 사업의 주인이라는 마음가짐, 즉 오너십이다. 이 오너십 없이는 성공할 수 없는 것이 사업이다. 네트워크 비즈니스도 마찬가지다. 오너는커녕 직원보다 못한 마인드로 사업을 한다면, 어떤 꿈도 이룰 수 없다.

그런 면에서는 우리샵이라고 다를 게 없다. 그러나 오너십만 갖추고 임한다면 우리샵에서 꿀 수 있는 꿈은 다른 비즈니스와는 비교가 안 될 만큼 원대하다. 비록 무자본, 무점포의 플랫폼 비즈니스지만 그 가능성은 무궁무진하다.

그래서 연봉 3억6천만 원은 꿈의 출발이며, 어려운 목표이긴 하지만 연봉 36억 원도 꿈만은 아니다. 오너십으로 무장하고 비즈니스를 자발적으로, 주도적으로, 적극적으로 이끌어간다면 '연봉 10억 원의 꿈' 정도는 이루도록 하는 기반을 제공하는 것이 바로 우리샵 플랫폼이다.

다음 비교표를 보면 우리샵이 사업자들에게 얼마나 수익을 제공하고 있는지 알 수 있다.

구분	종류	특징	수수료
오픈마켓	G마켓, 옥션, 11번가, 인터파크 등	사업자등록증만 있으면 누구나 입점하거나 판매할 수 있는 상거래 중개 플랫폼으로, 판매에 대해서는 판매자가 전적으로 책임을 지는 방식	평균 12%
소셜커머스	티몬, 위메프, 쿠팡 등	사업자등록증만 있으면 누구나 입점할 수 있지만, 판매에 대해서는 판매자와 플랫폼이 공동 책임을 지는 방식	9~15%
종합쇼핑몰	SSG, GSeShop, 롯데닷컴, 현대닷컴 등	온라인상의 백화점으로, 규모나 브랜드 인지도에서 기준을 통과해야 입점할 수 있는 방식	평균 25%
혁신형 플랫폼 오픈마켓	우리샵	- 누구나 회원 가입만 하면 1인 사업자로 활동할 수 있는 방식 - 누적 입점 상품 : 3,400만 종 - 마진의 90%를 돌려줌	없음

④ 소비가 곧 소득이 되는 시스템의 탄생

우리샵은 어떻게 "소비가 곧 소득이 되는" 플랫폼 시스템을 만들고, 유지하고, 발전시킬 수 있었을까? 바로 '4세대 유통'에 기반을 둔 비즈니스여서 가능한 일이다.

우선 유통의 세대별 흐름을 알아야 4세대 유통이 어떻게 놀라운 시스템을 낳을 수 있었는지 이해할 수 있다.

1세대 유통은 산업화 시대를 이끈 가장 오래된 유통 방식으로, 생산된 상품이 3단계의 유통 과정을 거친 다음에야 소비자에게 전달된다. 상품이 생산되면 먼저 광역지역 거점 역할을 하는 총판으로 배송된다. 총판에서 다시 도매점으로, 도매점에서 소매점으로 배송된다. 소비자는 3단계를 거쳐온 소매점에서 상품을 살 수 있으니, 공장에서 출하된 상품이 소비자의 손에 들어오기까지는 상당한 시일이 걸린다.

2세대 유통은 도시 인구가 급격히 밀집되고 자가용이 보편화하는 한편, 전자시대가 도래하면서 찾아온 변화다. 생산된 상품이 총판이나 도매를 거치지 않고 TV홈쇼핑이나 인터넷 판매 사이트, 대형마트 등을 통해 거래되는 방식이 2세대 유통이다.

3세대 유통은 1단계만 거쳐 상품이 소비자에게 전달되는 점에서는 2세대 유통과 같지만, 플랫폼 형태로 온라인 종합 장터를 세워 개방한 오픈마켓이라는 점이 다르다. 2세대 유통까지는 주로 상품의 인지도나 가격으로 승부를 걸었지만, 3세대 유통에서는 여러 판매 플랫폼이 동시에 같은 브랜드의 상품을 취급하게 됨으로써 2세대 유통과는 다른 경쟁력이 필요하게 되었다. 유통업체 간에 24

시간 배송이니, 새벽 배송이니, 당일 배송이니 하는 속도 경쟁이 붙은 것도 그 때문이다.

그렇다면 4세대 유통은 무엇이 어떻게 다를까? 오픈마켓인 점은 같지만, 소비자가 곧 플랫폼이라는 점이 다르다. 그러니까 아예 중간유통 단계를 없애버린 것이다. 이런 신개념 유통인 4세대 유통을 개통한 선구자가 우리샵이다. 생산된 상품이 우리샵이라는 플랫폼을 통해 유통되긴 하지만, 그 플랫폼을 구성하는 소비자가 곧 플랫폼의 주인이기도 하므로 그나마 하나 남은 유통 단계마저 없애버린 셈이다.

우리샵 플랫폼에서는 구매상품 마진의 90%를 소비자에게 돌려준다. 그러니 실상은 우리샵의 소비자가 곧 플랫폼으로서, 모든 유통 단계의 벽을 허물어버린 것이다.

정리하자면, 우리샵이 열어젖힌 4세대 유통은 온라인 종합쇼핑몰의 장점과 네트워크 비즈니스의 장점을 결합하여 구상한 것이다. 상품의 교체 대신 장소의 교체를 유인하는 것이 온라인 종합쇼핑몰의 장점이고, 플랫폼 안의 플랫폼을 무한 복제하는 것이 네크워크 비즈니스의 장점이다. 바로 이 두 가지 장점을 기본으로 장착한 우리샵은 마진의 90%를 소비자에게 돌려주는, 즉 소비가 곧 소득이 되게 하는 킬러 샷으로 4세대 유통을 열어젖히면서 세계 최강의 유통 플랫폼을 향해 날아올랐다.

⑤ 공간이 바뀌면서 일어나는 기적

우리는 흔히 최강자끼리의 싸움을 용호상박, 즉 용과 호랑이의 싸움으로 비유하는데, 실은 용과 호랑이가 만나 싸울 일이 없다. 용이 상상의 동물이 아니라 실제의 동물이라 할지라도 서로 다른 공간에 살기 때문이다. 활동 무대가 용은 바다이고 호랑이는 산이므로 서로 마주칠 일도 없거니와 설령 바다에서든 산에서든 서로 마주쳐 싸우더라도 승부는 싱겁게 끝나고 말 것이다. 서로의 장단점이 정반대로 나타나는 다른 공간 때문이다.

상품의 품질이나 기능 또는 가격으로 경쟁을 겨뤄오던 비즈니스 세계가 이제 공간을 다투게 되었다. 같은 상품을 다수의 마켓에서 판매하게 됨으로써 '어떤 상품'을 구매할지에 못지않게 '어디서' 구매할지도 중요해진 것이다.

우리샵은 바로 이 상품 구매 공간의 중요성을 부각하고 인식시킴으로써 성장해온 우리집 소비 플랫폼이다. 소비 공간을 남의 집에서 우리 집으로 옮기는 것이 사업의 핵심 개념이다. 그래서 우리샵의 모토는 "공간이 바뀌면 결과가 바뀐다는 것"이다.

어떤 상품을 우리샵 플랫폼에서 구매하면 '같지만 다른' 상품이 된다. 5kg들이 포기김치 '경주해뜰김치'를 예로 들어보자. 우리샵이든 다른 샵이든 판매가는 3만 원이다. 다른 샵에서는 달랑 380원을 포인트로 적립해주지만, 우리샵에서는 1만 원을 캐시로 쏜다. 구매자로서는 같지만 다른 상품이 된다. 소비의 공간을 바꾸자 우리샵에서는 소비가 곧 소득이 되는 마법이 펼쳐진다. 이런 마법이 일회성으로 그치는 게 아니다. 무한 단계에서 무한 누적되고 팀 보너스까지 추가되어 무한 소득으로 연결된다. 소비가 곧 사업이 되는 우리샵이다.

| 이 책의 구성과 활용법 |

이 책은 겉과 속이 다르다. 사람이야 겉과 속이 다르면 흉을 잡히지만, 세상엔 겉과 속이 달라서 자랑인 것이 있다. 겉은 바삭하고 속은 촉촉한 K-치킨이 그렇고, 겉은 한 겹인데 속은 두 겹, 세 겹으로 내용이 깊어지는 이 책이 그렇다. 이게 무슨 뜻인가? 겉은 우리샵 비즈니스에 초점이 맞춰 있지만, 그 겉을 만족하고 더 깊이 속을 음미하면 네트워크 비즈니스 전반의 특성과 전략을 꿰뚫을 수 있다는 뜻이다. 일단은 우리샵 비즈니스에 초점을 맞추되, 이에 그치지 않고 새로운 네트워크 비즈니스 세계 전반을 통찰하면서 안으로 더 깊이 들어가고 있으니, 겉 다르고 속 다른 이 책의 자부심이 K-치킨 못지않다.

이 책은 네트워크 비즈니스의 핵심 원리와 진행 원칙 그리고 사업 철학을 바탕으로 ㈜더우리샵의 모든 것을 담았다.

여는 말에서는 우리샵 비즈니스에서 연봉 10억 원의 꿈을 실현하는 시스템에 대해 말했다. 이어 **프롤로그에서는** 그 구체적인 진행 프로그램과 방법론의 개요를 제시했다.

본론으로 들어가 **1장 먼저 사업성을 분석한다에서는** 비즈니스 모델의 3대 검

30

증 요소, 쇼핑과 소비 패턴의 변화에 관해 설명하고, 지금 시작해도 왜 늦지 않았는지를 실증적으로 설명한다. 이어 **2장 우리샵은 우리집 소비 플랫폼에서는** 우리샵에 관해 사업 연혁 그리고 실무 가이드까지 자세하게 소개했다. 그리고 **3장 우리샵에서 제대로 돈 벌기에서는** 우리샵의 성공 전략과 프로그램에 관해 기술하고, 이어지는 **4장 우리샵에는 성공 시스템이 있다에서는** 실전적으로 성공 요소들에 관해 살펴보았다.

5장 성공하는 우리샵 비즈니스 진행 단계는 네트워크 비즈니스의 핵심 요소인 사업설명회의 내용을 채워가는 과정을 실전적으로 안내하는데, 10가지 단계로 구분하여 제시한다. **6장 비즈니스 확장을 위해 필요한 것들은** 결론적으로, 네트워크 비즈니스 사업자가 갖추고 키워야 할 자격에 대해 이야기한다.

처음부터 순서대로 읽어도 되지만, 그때그때 필요한 부분만 읽어도 되도록 실용성을 고려하여 구성하고 내용을 채웠다. 먼저 **우리샵에 관해 알고 싶다면 2~4장부터 읽고, 회원 가입과 상품 이용이 필요하다면 2장의 5번과, 사업설명회의 자세한 내용이 필요하다면 5장을 먼저 보면 된다.** 그러나 그전에 부분적인 용도와는 상관없이 **여는 말과 프롤로그를 먼저 읽어볼 것을 권한다.**

앞에서도 말했듯, 이 책을 구성하는 중요한 문장에서 주어(우리샵)를 지우면 그대로 네트워크 비즈니스의 현대적이고 미래지향적인 교본이 된다. 겉과 속이 다른 이 책의 깊은 맛을 마음껏 즐기시길 바란다.

먼저 사업성을 분석한다

한 방만 믿고 한 방에 모든 것을 거는 사람은 한 방에 나가떨어지게 마련이다. 비즈니스는 절대 한 방 게임이 아니다. 카드게임 같은 도박판은 승자가 모든 것을 독식하는 정글이지만, 우리샵 네트워크 비즈니스는 그런 약육강식의 정글이 아니다. 차근차근 제대로 하면 누구나 승자가 되는 공정한 기회의 마당이다.

네트워크 비즈니스에서는 사업 모델을
검증할 때 중시하는 요소가 약간 다르다.
비즈니스 모델을 검증하는 3대 요소는 시장성,
수익성, 확장성이다. 네트워크 비즈니스에서는
어떤 사업 모델이든 지속하려면 확장성이
있어야 한다. 확장성이 가장 중요한
요소라고 할 수 있다.

01

비즈니스 모델의 3대 검증 요소

자영업의 현실과 사업에서 중요한 것

창업에는 많은 위험이 따르기도 하지만, 대개 창업은 있는 돈 없는 돈 다 털어서 하는 일이라 한 번 실패하면 치명적인 타격을 입는다. 그러므로 창업은 즉흥적으로 성급하게 할 일이 아니다. 계획적으로 차분하게 차근차근 필요한 절차를 밟아가며 해야 실패 확률을 최소화할 수 있다.

더구나 우리나라는 자영업이 포화상태를 넘어선 지 오래다. 자영업자 비율이 OECD 평균의 2배에 이를 정도다. 1년이면 업체 100만여 개가 새로 문을 열고, 80~90만 개가 문을 닫는다.

자영업자 수와 소득 추이

※종합소득세 신고자 중
사업소득을 신고한 사람

평균 연소득(원)

2170만 2136만 2115만 2049만 1952만

자영업자(명)

*는 코로나19 확산기

472만 6000 / 502만 2000 / 530만 9000 / 551만 7000 / 656만 8000

2017 2018 2019 2020* 2021년*

(출처: 서울신문, 국세청)

갈수록 경쟁이 치열해지고, 하루가 다르게 급변하는 비즈니스 환경에서 창업 시장은 정해진 답이 없다. 오늘의 유효한 전망이 내일이면 쓸모가 없어지는 세상이다. 그러므로 창업 전에 사업성을 분석하는 것은 아무리 꼼꼼해도 지나치지 않다.

어떤 형태로든 창업을 하려면 먼저 비즈니스 모델을 선정해야 한다. 그리고 그 비즈니스 모델의 사업성을 검증하는 일이 중요하다. 이 검증 과정에서 잘못 알았거나 몰랐던 정보를 알게 되고, 추진하려는 비즈니스 모델에 대한 이해가 깊어진다.

일반적인 창업에서 비즈니스 모델의 사업성은 시장성, 기술성, 수익성 순으로 3대 요소를 중점적으로 검증한다. 우선 시장성이 없으면 다른 요소는 볼 것도 없이 접어야 한다. 시장성은 좋지만 기술성이 없다면 실현 불가능한 사업이니 수익성은 따져볼 것도 없다. 시장성, 기술성 둘 다 되지만, 남는 게 없다면 사업이라고 할 수 없다. 사업에서는 수익성이 가장 중요한 요소라고 할 수 있다.

그런데 **네트워크 비즈니스에서는 사업 모델을 검증할 때 중시하는 요소가 약간 다르다. 기술성보다는 확장성에 더 큰 비중을 두고 검증해야 한다. 그러므로 네트워크 비즈니스 모델을 검증하는 3대 요소는 시장성, 수익성, 확장성이다.** 네트워크 비즈니스에서는 어떤 사업 모델이든 지속하려면 확장성이 있어야 한다. 확장성이 가장 중요한 요소라고 할 수 있다.

시장성

시장성 분석은 사업 아이템이 얼마나 시장의 반응을 얻을지 분석하는 것이다. 한마디로 수요 예측이다. **시장성을 분석하려면 먼저 시장 환경부터 살펴야 한다.** 시장 외부 환경 분석을 통해 전체 시장 규모를 측정하고, 시장 내부 환경 분석을 통해 아이템의 경쟁력, 즉 시장점유율을 예측한다. 다음으로 예상매출액을 산출하는데, 판매 전략을 수립하고 판매 가격을 산정하면 예상점유율에 따라 매출액이 산출된다. 이렇게 시장성을 분석한다.

수익성

수익성을 분석하는 목적은 결과적으로 남는 장사인지 밑지는 장사인지를 알아보는 것이다. 최종적으로 밑지는 장사라고 분석되면 그 손해를 보상받을 다른 이점이 없는 한 절대 해서는 안 된다.

국내 프로야구는 출범 40년이 넘었지만, 여전히 적자 구조를 벗어나지 못하고 있다. 그런데도 구단을 소유한 대기업들은 해마다 적자를 보전해 가면서 구단을 운영한다. 왜 그럴까? 구단 운영에 따른 손익계산은 적자지만, 기업 홍보와 이미지 제고 등의 효과를 고려하면 남는 장사라고 판단하기 때문이다.

수익성 분석에서는 물론 이익이 얼마나 날지가 가장 중요하지만, 손익분기점과 현금흐름도 그에 못지않게 중요하다. 아무리 큰 이익이 기대되는 사업이라도 손익분기점이 너무 멀면, 즉 투자금 회수 기간이 너무 길면 위험하다. 기존의 포도보다 가치가 10배나 높은 새 품종을 개발하여 심었는데, 익는 시기가 너무 늦어서 서리를 맞아 얼어버리는 것이나 마찬가지다. 그렇다면 현금흐름이 왜 중요할까? 아무리 장사를 잘 해도 판매대금을 너무 늦게 받거나 못 받으면 위험하다. 그래서 흑자 도산이라는 말이 나온다.

확장성

　네트워크 비즈니스는 확장을 먹고 산다고 해도 과언이 아니다. 네트워크의 끊임없는 확장을 통해 사업이 성장하는 것이다.

네트워크 비즈니스의 확장성을 분석하려면 무엇보다 먼저 해당 비즈니스의 보상 체계와 함께 소비자에게 돌아가는 혜택을 살펴야 한다. 여러 네트워크 비즈니스 회사들이 보상 체계에서 크고 작은 차이를 보이지만, 서로 자기 상품을 사달라고 하는 면에서는 아무 차이가 없다. 그러나 소비자가 평소 쓰던 상품을 바꾸는 데는 고려할 사항이 너무 많은데다가 새로운 상품을 신뢰하기까지는 오랜 시간이 걸린다. 그만큼 확장하기가 어렵다.

　그런데 우리샵은 상품 교체에 따른 부담을 완전히 제거하여 확장성을 획기적으로 높였다. 상품이야 뭘 사든 상관없으니 구매하는 공간만 바꾸라는 것이다. 그러나 누구라도 획기적인 이점 없이 공간을 쉽게 바꾸려 들겠는가? 그래서 마진의 90%를 소비자에게 돌려줌으로써 소비가 곧 소득이 되게 하는 혁신적인 플랫폼을 만든 것이다. 확장성을 고려한 과감한 결단이다.

결제 방식의 변화에 따라 고가의
가전제품은 물론 자동차의 소비가
보편화하면서 산업 구조가 크게 바뀐 것은
물론이고, 생활양식까지 바뀌게 되었다.
결제 수단의 혁신은 세탁기, 청소기와 같은
가사노동을 대체하는 가전제품의 보편화로
여성의 사회 진출이 크게 느는 등
사회 구조의 혁신까지 불렀다.

02

쇼핑과 소비 패턴의 변화

결제 수단과 소비 패턴의 변화

　　　　　　　모든 생명의 역사는 생명 유지를 위한 소비의 역사라고 해도 지나치지 않다. 인간은 생명을 유지하는 데 그치지 않고 자본을 축적하기 시작했다. 자본주의의 탄생이다. 끊임없이 이윤을 창출해야 굴러가는 자본주의는 소비를 미덕으로 선전하고 다양한 소비 캠페인을 벌여왔다.

　과학기술의 혁신적인 진화에 따라 생산 체제가 크게 바뀌고 소비 패러다임도 끊임없이 변화한다. 상품 구매에 따른 결제를 쉽고 편리하게 하도록 결제 수단에서도 혁신적인 변화가 일어났다. 이제 현금으로 상품을 구매하는 일은 길거리 좌판에서나 볼 수 있게 되었다. 통장 자동이체에 이어 외상 장부를 대체한 신용카드로 상품 구매는 물론 공공요금이나 세금까지 낼 수 있게 된 지 오래다.

할부 판매라는 결제 수단이 생기면서 자동차와 같은 고가 제품도 자산가나 고소득자가 아니라도 어렵잖게 소비할 수 있게 되었다. 거기서 나아가 결제 앱을 장착한 모바일로 모든 결제가 가능하게 되면서 소비자의 지갑에서 현금은 물론 신용카드까지 사라지기 시작했다.

결제 방식의 변화에 따라 고가의 가전제품은 물론 자동차의 소비가 보편화하면서 산업 구조가 크게 바뀐 것은 물론이고, 생활양식까지 바뀌게 되었다. 결제 수단의 혁신은 세탁기, 청소기와 같은 가사노동을 대체하는 가전제품의 보편화로 여성의 사회 진출이 크게 느는 등 사회 구조의 혁신까지 불렀다.

소비 패턴 변화의 세 가지 흐름

이런 가운데 코로나 사태와 더불어 기후위기가 최고조에 이름에 따라 소비 패턴은 더욱 급격하게 변화하게 되어 시장은 산업 구조가 재편될 정도로 지각변동이 일어났다. 기후환경 관련 산업 규제가 강화됨에 따라 전기자동차가 자동차의 현재이자 가까운 미래가 되면서 핵심 소재인 이차전지가 반도체에 이어 산업의 쌀로 떠올랐다. 최근 이차전지 관련 업체가 코스닥 황제주로 등극한 것도 그런 변화의 반영이다.

　꼭 코로나 사태나 기후위기가 아니라도 1인 가구의 급증, 인구의 급속한 고령화와 같은 사회 변화가 산업과 비즈니스의 변화를 부른다. 이런 변화가 부르는 소비 패턴의 변화는 크게 세 가지로 요약된다.

　첫째는 편리한 소비를 중시하게 된 것이다. 모바일 주문을 통한 배송으로 상품을 구매하는 소비자들은 점점 더 편리함에 매료되면서 그것을 당연하게 여기게 되었다. 다른 요소에 앞서 편리한 소비가 생활화한 것이다. 2022년 우리나라 온라인 쇼핑 시장 규모가 43조 원을 넘어서고, 그 가운데 모바일 쇼핑 비중이 70%를 넘어선 것만 봐도 편리한 소비를 얼마나 중시하는지 알 수 있다.

　둘째는 웰빙 소비를 중시하게 된 것이다. 기대수명이 세계 최고를 다투는 초고령화 사회가 되어가는 데 비해 건강수명은 열악한 점도 작용했지만, 남녀노소를 막론하고 늘 쫓기듯 바쁘게 사는 현대인의 건강이 질병 위험에 심각하게 노출된 점이 주요 원인이다. 이에 몸에 좋은 건강식품, 몸의 면역성을 높이는 건강기능식품, 환경을 생각하는 친환경식품 등을 찾는 웰빙 소비가 갈수록 더욱 중시되고 있다. 건강기능식품만 해도 가파른 성장세를 보이면서

2022년 시장 규모가 6조 원을 넘어섰다. 참고로, 중국은 더욱 폭발적인 성장세를 기록하면서 126조 원에 이른다.

셋째는 가치 소비를 지향하여 윤리적 소비를 중시하게 된 것이다.
소비자의 지적 수준이 향상되고 기후변화에 대비하는 국제적인 연대와 산업 규제가 강화되면서 기업들도 ESG 경영을 실천하지 않을 수 없게 되었다. 친환경 경영과 윤리 경영이 바로 기업이 가장 중요한 경쟁력이 된 것이다. 소비자도 이런 변화에 적극적으로 동참하면서 정부는 물론 기업의 역할을 더욱 압박하게 되었다.

온택트 시대의 비즈니스

인류는 늘 위기 가운데 도전과 변화를 통해 진화했다. 코로나 사태로 인해 사람과 사람 사이를 단절시키는 언택트 기류가 형성되었다. 그런 가운데서도 물리적 거리는 유지하되 서로 연결하여 연대하고 정을 나누는 사회를 유지해야 한다는 공감대가 널리 퍼지면서 온택트 문화가 빠르게 자리 잡아 가고 있다.

언택트(untact)는 연결이 끊어진 것을 뜻하고, 온택트(ontact)는 끊어진 사이를 온라인(online)으로 연결하는 것을 뜻한다. 물리적 거리를 두되 온라인으로 연결을 추구하는 온택트 현상이 다양한 아이디어와 접목되어 새로운 문화를 형성한다. 방구석 전시회, 온라인 콘서트, 방구석 응원 같은 표현이 자연스러워진 가운데 전 세계의 가수들, 스포츠 스타들, 배우들, 유명 셀럽들이 1인 미디어를 활용한 수준 높은 공연과 챌린지 등 진기 묘기에 가까운 콘텐츠를 쏟아내면서 온택트 문화가 보편화한 시대로 접어들었다.

이런 온택트 시대에 경제 활동은 물론 생활 전반이 변화를 겪을 수밖에 없는 가운데 성장 산업과 사양 산업의 희비가 극명하게 엇갈리고 있다. 비대면 시장이 급속도로 성장하면서 비즈니스의 판도가 크게 바뀐 것이다.

많은 강의와 세미나, 회의가 오프라인 대신 온라인으로 진행되고, 기업들 역시 재택근무를 확대하면서 온라인을 통해 소통하고 있다. 사람들은 영화관 대신 넷플릭스를 통해 개인 공간에서 영화를 즐기고, 헬스장에 나가는 대신 영상 서비스를 통해 운동 코치를 받는다. BTS는 온라인 콘서트를 통해 전 세계 220만여 팬을 끌어모음으로써 온택트의 신기원을 열었다.

대면 서비스를 비즈니스의 생명처럼 여겨온 자동차업계도 이제는 신차 출시 행사를 유튜브 같은 온라인 동영상을 통해 소개하는 등 온택트 전략을 확대하고 있다. 그런가 하면 박물관이나 미술관 같은 문화시설도 온라인 전시관 콘텐츠를 선보이는 데 인스타그램 같은 온라인 채널을 통해 홍보하게 되었다.

돈, 일, 사람, 이 세 가지를 모두
충족하는 회사를 찾기 어렵다면 창업하여
그런 회사를 손수 일구는 것도 좋은 방법이다.
1인 회사도 어엿한 기업이다. 오픈마켓을
비롯한 네트워크 비즈니스 회사들이 그런
비전을 내걸지만, 현실과는 상당한 거리가
있다. 그런 거리를 좁혀 돈, 일, 사람을 모두
충족하는 비전을 실현하고자 설립한
네트워크 비즈니스 플랫폼이
바로 우리샵이다.

03

경쟁이 치열한데, 지금 시작해도 괜찮을까?

"경쟁이 아주 치열하다는데, 지금 시작해도 늦지 않을까요?"

네트워크 비즈니스에 관심을 두고 알아보기 시작한 사람들이 가장 많이 우려하는 질문이다. 답은 간명하다. 어떤 일이든 늦은 시작이란 없다. 즉, 모든 시작은 늦지 않다. 다만, 어떤 시작이냐가 중요하다. 친구 따라 강남 간다고, 주위 사람들이 하니까 무작정 시작한 거라면 그것이 무슨 일이든, 경쟁이 심하든 아니든 잘될 리 만무하다.

고수익이 기대되는 직업이나 일일수록 더 심한 경쟁이 따르는 것은 당연하다. 그러니까 경쟁이 치열하다는 것은 그만큼 더 좋은 기회라는 얘기다. 성패는 그 경쟁을 받아들이는 태도에 달렸다.

오픈마켓은 위험 부담이 적은 사업 아이템

자영업 과잉의 우리 경
제사회는 창업을 말리는 현실이지만, 문제는 창업 자체가 아니라
어떤 업종으로 창업하느냐이다. 그런데 창업자 대부분이 진입장벽
이 낮은 업종, 즉 이미 포화 상태를 넘어선 업종을 선택해 창업한
다. 그 결과, 제 살 깎아먹기 식의 업종이 대부분을 차지하게 되어
서 자영업이 갈수록 어려워지는 것이지 창업 자체는 죄가 없다.

우리나라 자영업 창업 업종 순위 TOP5를 보면 그 실태가 얼마나
심각한지 알 수 있다.

1위는 공인중개사 사무실로, 전체 12만 개소에 이른다. 전체 공
인중개사 자격증 소지자 중 개업자는 20%이니, 그 4배가 잠재적
창업자인 셈이다.

2위는 미용실로, 전체 11만 군데에 이른다. 해마다 창업하는 미
용실이 6천여 개소에 이르는데, 폐업하는 미용실은 5천여 개소에
이르니 해마다 1천 개 안팎의 미용실이 새로 생기는 셈이다. 미용
실 수가 미국은 인구 5천 명당 1인 데 비해 우리나라는 500명당 1

이라니 얼마나 포화상태인지 알 수 있다. 전체 미용실 중 연평균매출 5천만 원이 넘는 데는 3분의 1밖에 안 된다고 하니, 수익성이 열악하기는 카페에 못지않다.

3위는 카페로, 전체 10만 군데에 이른다. 해마다 창업하는 카페가 9천여 곳인데, 폐업 역시 해마다 수천 건에 이른 걸 고려하더라도 전체 숫자가 해마다 수천 개씩 늘어나 최근 수년간 2배가 되었다. 현재도 카페 매출은 전체 자영업 중에서도 가장 열악하다. 카페의 월평균 매출액(1가게 당)은 1,370만 원으로 전체 업종 매출액(1가게 당) 3,780만 원의 36%에 불과한데도 카페 수가 해마다 많이 늘어나는 것은 아이러니하다.

4위는 치킨점으로, 전체 8만여 군데에 이른다. 해마다 창업이 6천여 군데, 폐업이 8천여 군데로 최근에는 창업보다 폐업이 더 많아 전체 개수는 줄어드는 추세다. 수익성이 최악으로 이미 바닥을 찍고 기존 업체들의 폐업이 속출하고 있다는 것을 보여준다.

5위는 편의점으로, 전체 5만여 군데에 이른다. 해마다 많은 편의점이 창업하고 폐업하는 가운데서도 새로 1천군데 이상이 늘어난다니 경쟁이 치열하기는 다른 대표 업종 못지않다.

그러므로 창업을 생각한다면 이미 차고 넘치는 업종을 피해서 좀 더 도전적이고 창의적이며 미래 지향적인 업종에 관심을 두고 연구할 필요가 있다. 그 가운데 오픈마켓은 소자본으로 창업할 수 있고, 쇼핑몰 사이트를 만드는 솔루션 없이도 운영한 가능한 온라인쇼핑몰로 각자가 하기에 따라 수익성이 무한대일 정도로 좋고 미래 전망이 밝은 비즈니스다.

다들 부러워하는 직장에 다니는 사람들도 갑작스러운 명퇴가 남의 일이 아니다. 앞에서 예로 든 5대 자영업 업종을 비롯한 주요 자영업종은 창업자금도 큰돈이 드는데다가 이미 포화상태에 놓여서 창업이 쉽지 않다. 그런 가운데 오픈마켓과 같은 네트워크 비즈니스가 새삼 주목받고 있다.

오픈마켓의 매력은 오프라인 창업자금의 10분의 1에 해당하는 소자본 창업이 가능한데다가 본사 플랫폼에 입점만 하면 비즈니스가 가능하므로 그 문이 누구에게나 활짝 열려 있다는 사실이다.

창업이 쉽다고 해서 성공까지 쉬운 건 아니다

가장 빠른 맹수라는 치타가 가젤을 사냥하는 것쯤은 쉬워 보이지만, 실제로는 그렇지 않다. 가젤 역시 달리는 속도가 치타에 버금가는데다가 지구력까지 뛰어나서 지구력이 약한 치타로서는 사냥을 개시하기까지 극도로 신중하지 않으면 성공하기 어렵다. 치타는 일단 사냥 목표가 정해지면 바람이든 지형이든 수풀이든 모든 조건을 이용하여 사냥감이 눈치채지 못하도록 최대한 가까이 접근한다. 이런 치밀하고도 신중한 준비 덕분에 치타의 사냥 성공률은 50%에 근접하여 다른 맹수들의 2배에 이른다.

비즈니스도 마찬가지다. 창업이 비교적 쉬운데다가 자금 부담도 크게 낮아서 만만히 보기 쉬운 비즈니스가 오픈마켓이다. 그래서 준비도 없이 얼렁뚱땅 서둘러 창업했다가 낭패를 보게 마련이다. 오픈마켓이라고 온라인 가게를 입점해서 열어놓았는데, 열흘이 지나도록 주문 1건이 없는 상황의 괴로움은 겪어보지 않은 사람은 모른다. 24시간 연중무휴의 오픈마켓이라서 소비자는 편하지만, 운영자로서는 쉴 틈도 없는 힘든 비즈니스다.

창업을 마음먹은 사람이라면 사업계획서부터 짜야 한다. 사전에 면밀한 준비 없이 창업하는 경우 거의 모두 6개월 안에 문을 닫았다. 사업계획서에서는 월별, 분기별, 연도별 목표를 세우고 그것을 실현하기 위한 세부 지침을 마련하는 것이 기본이다.

사업 준비 기간, 본격적인 론칭 초기 비용 회수 시점, 플랜 A가

실패할 경우 적용할 플랜 B 등을 생각해놓아야 한다. 체계적이고 섬세한 준비작업 없이는 가장 쉬워 보이는 비즈니스에서 가장 큰 실패를 보기 쉽다.

정확히 분석하고 냉정해야 성공한다

네트워크 비즈니스는 게임도 아니고 더구나 도박은 아니지만, 성공의 원리로 보자면 카드 게임판에 비유할 수 있다. 냉정해야 하고, 철저해야 하고, 판을 정확하게 읽어야 하고, 올인의 위험성을 잘 알아야 한다는 면에서 그렇다.

네트워크 비즈니스는 회원 가입만 하면 누구에게나 열려있다. 이 사업에서는 회원이 그 전에 무슨 일을 했든 얼마나 높은 자리에 있었든 나이가 얼마나 많든 의미도 없거니와 상관하지도 않는다. 그야말로 계급장 떼고 마주하는 것이다.

카드 게임이 행운에 좌우되는 것 가지만, 참가자의 선택하는 실력에 좌우되는 게임이다. 인생 자체가 운칠기삼(運七技三)이라는데, 대개 인생은 운칠이 아니라 기삼에 의해 운명이 갈린다. 그러니까 먼저 기삼을 갖추지 않으면 운칠도 따르지 않는다는 얘기다.

회사가 나눠주는 세 장의 카드는 사업 아이템에 비유된다. 그중

하나만 고르고 나머지는 버려야 한다. 선택한 카드에 따라 운영 전략이 달라진다. 선택의 연속이다. 판세가 여의치 않으면 다음 기회를 보고 이번 판을 접을 것인지 히든카드에 기대를 걸고 끝까지 갈 것인지 선택해야 한다. 끝까지 가서 히든카드를 보기로 작정했다면 그에 따른 희망 배팅을 해야 한다.

이때 냉정하지 않으면, 시쳇말로 '못 먹어도 고'를 부르다가 패가망신한다. 쓸데없이 판돈을 다 날려버려서 다음 기회마저 잃게된다. 비즈니스든 카드 게임이든 주식 투자든, 아니라고 판단되면 과감하게 손절매할 줄 아는 것도 중요한 전략이고 필요한 용기다.

한 방만 믿다가는 한 방에 간다

네트워크 비즈니스는 성실함과 꾸준함을 양분으로 삼아 자라는 사업이다. 복권 맞듯 행운으로 크게 한 방 터뜨리는 사업이 아니다. 아니, 세상 어디에도 그런 사업은 없다. 누가 사업을 그런 식으로 한다면 그건 이미 사업이 아니라 사업을 빙자한 도박이거나 사기질이기 쉽다.

한 방만 믿고 한 방에 모든 것을 거는 사람은 한 방에 나가떨어지게 마련이다. 비즈니스는 절대 한 방 게임이 아니다. 카드 게임 같은 도박판은 승자가 모든 것을 독식하는 정글이지만, 다행히 오픈마켓 같은 네트워크 비즈니스는 그런 약육강식의 정글이 아니다. 차근차근 제대로 하면 누구나 승자가 되는 공정한 기회의 사업이다.

좋은 회사의 조건

어떤 회사가 좋은 회사일까? 추상적이거나 비현실적인 얘기 말고 구체적이고 현실적으로 얘기하면 좋은 회사의 조건을 따질 때 돈, 일, 사람, 이 세 가지 요소를 빼놓을 수 없다. 이 셋 중 두 가지만 충족하면 좋은 회사라고 할 수 있지만, 셋 중 하나라도 충족시키는 회사를 찾기란 쉽지 않은 것이 현실이다. 세 가지 모두 충족한 회사에 다니고 있다면 그 사람은 정말 보기 드문 행운아다.

우리나라 대기업의 연봉은 각종 복지 혜택까지 고려하면 중소기업의 2배를 훌쩍 넘어 3~4배에 이르기도 한다. 그 대신 실적에 대한 압박이나 업무 스트레스는 상상을 초월할 정도다. 세 가지 조건 중 돈이라도 많이 주니 다니는 것이다. 물론 돈이 절대적인 조건은 아니지만, 직장이나 직업을 선택하는 가장 중요한 조건인 것만은 틀림없다.

그러나 다니던 회사를 그만두는 데는 사람이 가장 결정적으로 작용하는 경우가 대부분이다. 받는 돈이 기대치보다 좀 적더라도, 일이 좀 힘들더라도 그 정도는 더 나아지리라는 희망이 있으니 참고 다닐 수 있다. 그러나 사람 관계가 틀어져 괴로움을 당하거나 악랄한 사장이나 상사를 만나 인간적인 모멸을 당한다면, 다른 조건이 아무리 좋아도 도저히 견딜 수 없을 것이다.

돈, 일, 사람, 이 세 가지를 모두 충족하는 회사를 찾기 어렵다면 창업하여 그런 회사를 손수 일구는 것도 좋은 방법이다. 1인 회사도 어엿한 기업이다. 오픈마켓을 비롯한 네트워크 비즈니스 회사들이 그런 비전을 내걸지만, 현실과는 상당한 거리가 있다. 그런 거리를 좁혀 돈, 일, 사람을 모두 충족하는 비전을 실현하고자 설립한 네트워크 비즈니스 플랫폼이 바로 우리샵이다.

누구나 세 가지 모두를 충족하는 좋은 회사를 찾아다니지만, 신기루 같아 손에 잡히지는 않는다. 그러니 우리샵 같은 기회의 플랫폼에서 스스로 그런 좋은 회사를 만들어가는 것이 더 빠른 길일 수도 있다.

2장

우리샵은 우리집 소비 플랫폼

네트워크 비즈니스라면 너도나도 화려한 미사여구를 동원해 21세기 트렌드를 반영한 미래형 비즈니스로 얘기하지만, 명실상부한 경우는 극히 드물다. 우리샵이야말로 미래형 비즈니스로서 명실상부한 시스템과 무한 확장성을 갖추고 널리 플랫폼 파트너십을 구한다.

www.woorishop.com

우리샵 비즈니스는
네트워크 비즈니스 중에서도
독특하고도 매력적인 아이템과 지위를
확보하고 있어서 가장 높은 성공률을
기대할 수 있다. 첫째는 상품을 교체하는
아이템이 아니라 상품을 구매하는 공간을
교체하는 아이템이므로 상품 교체에 따른
거부감을 부담하지 않아도 된다.
둘째는 소비를 곧 소득으로 돌려주는
시스템이므로 소비자가 소비하는
즉시 판매자로서 사업 기회를 얻는
혁신적인 비즈니스 모델이다.

우리샵을 통해 만나는 성공의 길

기존 방식이 열린 기회가 못 되는 이유

보통사람들이 돈과 시간에서 완전한 자유를 찾을 수 있는 가장 좋은 사업 아이템이 우리샵 비즈니스 플랫폼에 있다. 이 플랫폼에는 사업자 저마다의 비즈니스는 물론 성장을 지원하는 완벽한 시스템이 작동한다.

여러분이 만약 피자 가게를 연다면 시스템(피자 굽는 시설과 조리 실력)을 갖춰야 한다. 비록 소자본 창업이 가능하다 해도 경쟁력을 갖추기가 어렵고 성공 확률도 낮다. 더구나 유명 프랜차이즈에 가맹한 창업이라면 억대의 돈을 들여 남이 이미 만들어둔 성공 시스템을 구매해야 한다.

이런 방식은 재정적으로든 기술적으로든 보통사람이 받아들이기 어려운 비즈니스다. 소수의 사람에게 제한된 기회이지 누구나 들어

갈 수 있는 열린 기회가 아니다. 스스로 시스템을 갖추기도 어렵고, 비싼 비용을 들여 성공한 시스템을 구매하기도 어렵기 때문이다.

우리샵 비즈니스가 열린 기회인 이유

우리샵 비즈니스 플랫폼은 회원 가입만 하면 이미 완성된 시스템을 무료로 사용할 수 있으므로 자신의 노력만 추가하면 수익성 높은 비즈니스를 펼쳐갈 수 있다.

더구나 우리샵 비즈니스는 네트워크 비즈니스 중에서도 독특하고도 매력적인 아이템과 지위를 확보하고 있어서 가장 높은 성공률을 기대할 수 있다. **첫째는 상품을 교체하는 아이템이 아니라 상품을 구매하는 공간을 교체하는 아이템이므로 상품 교체에 따른 거부감을 부담으로 지지 않아도 된다. 둘째는 소비를 곧 소득으로 돌려주는 시스템이므로 소비자가 소비하는 즉시 판매자로서 사업 기회를 얻는 혁신적인 비즈니스 모델이다.**

네트워크 비즈니스라면 너도나도 화려한 미사여구를 동원해 21세기 트렌드를 반영한 미래형 비즈니스로 얘기하지만, 명실상부한 경우는 극히 드물다. 우리샵이야말로 미래형 비즈니스로서 명실상부한 시스템과 무한 확장성을 갖추고 널리 플랫폼 파트너십을 구한다.

돈 버는 네 가지 방식 가운데 또
다른 두 영역은 사업과 투자의 영역이다.
사업은 시스템을 만드는 영역으로, 내가 직접
일하지 않아도 시스템이 자산이 되어 내게
돈을 벌어준다. '투자의 귀재'로 불리는
워런 버핏이 이를 간명하게 정리해준다.
"잠자는 동안에도 돈이 들어오는 방법을
찾아내지 못한다면 당신을 죽을 때까지
일해야만 할 것이다."

02

돈의 흐름과 시스템으로 돈을 버는 우리샵

돈의 노예가 되어버린 현대인

프랑스의 교육철학자 장 자크 루소는 "당신이 가진 돈은 당신에게 자유를 줄 것이다. 하지만 당신이 쫓고 있는 돈은 당신을 노예로 만들 것"이라고 했다. 또 영국의 정치사상가 에드먼드 버크는 비슷한 맥락에서 "돈에 명령할 수 있다면 그 사람은 부자이자 자유로운 사람이다. 하지만, 돈이 명령하게 된다면 그 사람은 진정으로 가난한 사람"이라고 했다.

역사상 많은 사람이 돈의 본질에 대해 성찰하고 돈의 철학을 설파했지만, 자본주의 세상에서 무색한 일이 되고 말았다. 자본주의의 사회에서 살아가는 현대인에게 돈은 가히 신앙이 되었다. 인생의 많은 것을 돈 때문에 희생하고 돈 문제로 고민하다가 늙는다. 돈 벌기 위해 공부하고, 돈 벌기 위해 일하고, 돈 벌기 위해 인생을 허비하다가 종 친다. 한마디로 돈의 노예로 살다가 가는 것이, 현대인 대부분의 숙명이 되어버렸다.

살아가는 방식만큼이나 돈을 버는 방법은 다양하다. 누구는 취직하여 평생 봉급을 받아서 살고, 누구는 자영업자나 전문직 종사자로 생활한다. 전자든 후자든 자기 시간과 노동을 돈으로 바꾼다는 점에서는 같은데, 돈을 버는 네 가지 방식 가운데 두 가지 방식이다. 같은 시간을 일하고 돈을 많이 받는 직장이나 직업일수록 그만큼 더 좋은 일자리로 여겨져 경쟁도 더 치열하다. 직장인은 높이 올라갈수록 직장에서 보내는 시간이 늘어나고, 자영업자나 전문직 종사자 역시 성공할수록 일에 매여 사는 시간이 늘어난다.

그렇다고 일을 놓을 수도 없다. 일을 놓는 순간 돈의 흐름이 끊겨서 통장 잔고가 줄어들고 마음은 불안과 상실감에 빠진다. 죽을 때까지 일할 수밖에 없는 치열한 경쟁의 쳇바퀴를 도무지 빠져나올 도리가 없다.

돈 버는 네 가지 방식 가운데 나머지 두 영역은 사업과 투자의 영역이다. 사업은 시스템을 만드는 영역으로, 내가 직접 일하지 않아도 시스템이 자산이 되어 내게 돈을 벌어준다. 투자의 귀재로 불리는 워런 버핏이 이를 간명하게 정리해준다.

"잠자는 동안에도 돈이 들어오는 방법을 찾아내지 못한다면 당신을 죽을 때까지 일해야만 할 것이다."

하지만 그런 시스템을 만들기란 말처럼 쉬운 게 아니다. 그래서 한 개인이 하기 어려운 일이다. 그렇다면 만들어진 시스템을 구매하는 방법이 있는데, 너무 큰돈이 들어가서 이 역시 개인이 감당하기는 무리다.

돈의 노예에서 벗어나는 방법, 우리샵 사업

그렇다고 방법이 없는 건 아니다. 오픈된 시스템에 참여함으로써 시스템을 갖게 되는 아주 좋은 방법이 있다. 누구든 보통사람들이 큰 꿈을 꿀 수 있는 네트워크 비즈니스가 바로 그것이다.

여기까지는 공통된 조건으로 맞는 얘기다. 그런데 이런 논리를 들어 자기 사업을 홍보하는 시스템들에 막상 참여해보면 밖으로 드러나지 않은 제약과 불리한 조건이 적잖다. 일하지 않아도, 자는 동안에도, 여행하는 동안에도 내가 일궈놓은 시스템에 계속해서 돈이 들어온다지만, 실상은 대부분 그렇지 못하다. 만약 말하는 대로 그렇게 완벽한 시스템이라면 다들 그 안에서 크게 성공하여 완전한 자유를 누려야 하는데, 그러지 못하고 대부분 다른 완벽한 시스템을 찾아 나선다.

여기 감히 그런 완벽한 성공 시스템을 추천한다. 바로 우리샵 플랫폼이다.

이제 누구나 우리샵 시스템에 참여하는 첫걸음을 떼는 것만으로도 인생이 완전히 바뀌는 길로 들어선 것이다. 참여하기만 하면 시스템이 참여자를 완전한 자유의 초원으로 안내할 것이다.

이렇게 우리샵을 통해 사업자 영역에서 성공을 이루면, 즉 잠자는 동안에도 돈이 들어오는 시스템을 지니게 되며 진정한 부자로서 여유롭고 풍요로운 삶을 누리게 될 것이다.

내 시간과 노동을 돈으로 맞바꾸며 죽을 때까지 돈의 노예로 살 것인가? 우리샵 시스템에 참여하여 잠자는 동안에도 돈이 들어오는 시스템을 소유할 것인가? 선택은 각자의 몫이지만, 인생의 패러다임을 바꾸는 선택에는 비상한 용기가 필요하다. 용기 있는 자는 진정한 부자가 될 것이고 완전한 자유를 얻을 것이다.

우리샵 시스템은 하드웨어 시스템과 소프트웨어 시스템, 둘로 나누어 볼 수 있다. 하드웨어는 회사, 제품, 마케팅, 비전, 플랫폼과 같은 시스템이고, 소프트웨어는 교육 과정 같은 프로그램이다.

우리샵의 창업 이념은
"성공한 삶, 균형 잡힌 삶, 완전한 자유인" 이다.
그리고 사업 아이템은
"소비가 곧 소득이 되는 비즈니스" 이며,
슬로건은 "우리집을 플랫폼으로!" 이다.

03

우리샵의 창업 이념과 사업 비전

우리샵의 이념과 꿈

우리샵의 창업 이념은 "성공한 삶, 균형 잡힌 삶, 완전한 자유인"이다. 그리고 사업 아이템은 "소비가 곧 소득이 되는 비즈니스"이며, 슬로건은 "우리집을 플랫폼으로!"이다. 이를 바탕으로 진행하는 사업 비전은 다음 3가지로 요약된다.

① 세상의 모든 가정에 우리샵을 제공한다.
② 새로운 소비 문화를 창조하여 소비자의 삶의 질을 향상한다.
③ 이익의 공정한 분배를 통해 모두가 건강하고 행복한 사회를 만든다.

성공한 삶이란 어떤 삶일까? 가슴속에 품은 소망, 머릿속에 그린 바람, 인생의 궁극적인 꿈을 현실에서 이룬 삶이 아닐까 싶다. 꿈을 실현하려면 일상의 습관을 성공으로 이끄는 습관으로 바꿔야 한다. 작심삼일의 결심만으로는 꿈만 꾸다 날이 샐 뿐 한 발짝도 더 앞으로 나아가지 못하고 아무것도 이루지 못한다.

미국의 의사 맥스웰 멀츠는 새로운 습관 하나를 갖추려면 적어도 20일 이상 꾸준히 그 일을 반복해야 한다고 말한다. 좋은 습관은 대개 인간의 자연스러운 욕망에 반하는 행위이므로 그만큼 몸에 배게 하는 것이 어렵다. 설령 습관을 들였더라도 며칠만 그 행동을 쉬게 되면 습관으로서 루틴이 무너지고 만다.

성공한 삶을 사는 사람들의 10가지 습관

① 몸도 쓰지만, 머리를 써서 산다.

현대그룹 창업주 정주영은 평생을 몸을 부지런히 움직이며 살았지만, 누구보다도 더 머리를 써서 살았다. 그래서 우리나라를 대표하는 기업을 일구게 된 것이다. 그는 "빈대도 머리를 써서 산다"며, 직원들에게도 입버릇처럼 성공하려면 머리를 써서 살라고 조언했다. 서산 간척지 공사에서 거듭된 물막이 작업 실패로 다들 포기상

태에 있을 때 폐유조선 활용 아이디어로 문제를 단번에 해결한 일화는 세계적으로 유명하다.

② 시작도 잘하지만, 마무리도 잘한다.

시작이 반이라지만, 시작은 그야말로 반일 뿐이다. 나머지 반은 마무리를 잘 해야 비로소 채워진다. 그래서 시작만 잘하는 것은 아무 의미가 없다. 차라리 아니 하니만 못하다. 그렇게 시간 낭비할 바에야 다른 일을 하는 것이 낫다.

③ 무슨 일이든 준비하는 습관이 있다.

기회는 준비하는 사람만이 잡을 수 있다. 루이 파스퇴르의 말이 아니더라도 기회뿐 아니라 행운 역시 평소에 준비하는 사람만이 잡을 수 있다.

④ 실패하더라도 좌절하지 않는다.

성공하는 사람의 공통점은 실패를 성공으로 가는 과정으로 생각한다는 것이다. 다만, 같은 실패를 되풀이하는 것만큼은 철저하게 경계했다. 그것은 거쳐 가는 과정이 아니라 습관이기 때문이다.

에디슨은 축전기를 발명하는 과정에서 2만 번을 실패했는데,

"쓸모없는 실패란 없으며 다만 2만 가지의 다른 방법을 발견했을 뿐" 이라고 했다.

⑤ NATO의 습관을 버린다.

NATO(No Action Talking Only)는 말만 앞세우고 행동하지 않는다는 뜻이다. 성공한 사람들은 말보다 행동이 앞선다. 따라서 진정한 결심이란 그 결심을 말하는 데서 그치지 않고 지금 바로 행동하는 것이다.

⑥ 매일 아침 '사명 선언' 을 한다.

나의 사명은 무엇인가? 스스로 자기 존재 이유를 묻는 신성한 질문이다. 이 질문에 대한 답이 바로 사명 선언이다. 어떤 사명을 갖고 어떻게 살겠다는 자기 선언이다. 이런 습관은 스스로 얼렁뚱땅 살도록 내버려 두지 않는다. 매일 아침 사명 선언을 하면서 어제의 허물을 벗고 새로 태어나는 것이다.

⑦ 모든 삶이 배움의 현장이다.

'업힌 아이에게도 배울 것이 있다' 는 말이 있다. 사람뿐만 아니라 삶의 현장은 물론이고 삼라만상이 다 배움터다. 또 배움에는 시작은 있지만, 끝이 없다. 성공하는 사람은 누구에게든 어디에서든 배움의 끈을 놓지 않은 사람이다.

⑧ 삶은 아날로그로 살고, 일은 디지털로 한다.

그야말로 디지털 만능 시대다. 아무리 그렇더라도 아날로그인 육체가 나를 이루고 있는 한 내 삶은 아날로그일 수밖에 없다. 그러나 일에서는 아날로그를 벗어나지 못하면 시대에 뒤떨어져 경쟁력이 없다. 행복한 아날로그로 살고 싶으면 더더욱 일은 디지털로 구조화하고 처리할 필요가 있다.

⑨ 일기를 쓴다.

또렷한 기억보다 희미한 기록이 낫다. 기억은 아무리 또렷해도 세월 따라 지워지게 마련이다. 일기는 지나온 하루를 돌아보게 하고 날마다 자기 자신을 점검하게 한다. 감사한 일을 잊지 않게 하고, 고마운 사람들을 기억하게 한다. 무엇보다 일기는 과거를 잃어버리지 않게 한다.

⑩ 사소한 것에 목숨 걸지 않는다.

"짚 한 오라기가 낙타 등을 부러뜨린다"는 아랍 속담이 있다. 사소한 일에 터뜨린 사소한 분노가 자기를 망칠 수 있다. '웃자고 한 얘기에 죽자고 달려든다' 는 농담 아닌 농담이 있다. 사소한 것에 목숨 거는 사람들이 많아져서 나온 농담이다.

우리 일상을 보면 불필요한 집착이 넘친다. 조금만 더 주의를 기울이면 알 수 있는 아주 사소한 것에 자신을 매몰시킬 때가 많다. 그러고서 정작 중요한 일에는 시간과 정력을 기울이지 못한다.

우리는 대부분 시간이 없는 것이 아니라 사소한 것에 너무 많이 시간을 빼앗기며 산다. 누구에게나 똑같이 주어진 시간인데, 그 시간을 누리는 가치는 저마다 다른 것이다.

우리샵 비즈니스의 10가지 기회

1. 누구나 회원 가입만으로 참여할 수 있는 열린 플랫폼

2. 별도의 자본금이 필요 없는 무자본 창업 비즈니스

3. 특별한 사업 지식이나 경험 없이도 참여할 수 있는 사업 아이템

4. 직원도 필요 없는 무점포 온라인 쇼핑몰 플랫폼

5. 재고 부담이 전혀 없는 자유로운 비즈니스

6. 돈과 시간의 여유를 되찾는 완전한 자유인의 기회

7. 풍부한 경험자들이 도움을 주는 후원자 제도

8. 소비자에게 마진의 90%를 돌려주는 혁신적 보상체계

9. 권리와 실적이 무한 누적되어 지속적으로 수익창출

10. 자아를 실현하고 상생할 수 있는 교육 프로그램

우리샵의 사업 목표는 우선 쇼핑몰
분양 2,000만 개를 달성하고, 상품
1,000만 개를 입점하는 것이었다. 그런데
상품 입점은 3,400만 개로 이미 목표를
초과 달성했다. 이제는 보통 상품이 아니라
퀄리티 상품 1,000만 개를 겨냥한다.

04

우리샵 사업 분야와 특허 및 인증서

사업 분야에서 존재 목적까지

2014년 6월에 창립하여 창립 10주년을 눈앞에 둔 우리샵은 사업 분야를 소프트웨어 개발 분양, 전자상거래, 건강, 마트, O2O, 네트워크 비즈니스 등으로 삼고 있으며, 2023년 현재 16만여 개 쇼핑몰을 분양한 가운데 3,400만여 개 상품을 입점하고 있다.

이런 우리샵의 사업 개요는 '기능, 개념, 문화' 라는 3가지 주제로 나누어 설명할 수 있다.

① 기능 : 오픈마켓형 종합쇼핑몰 분양 솔루션

② 개념 : 판매 플랫폼이 아닌 최초의 소비 플랫폼 쇼핑몰

③ 문화 : "우리집 소비는 우리집 쇼핑몰에서!" 라는 새로운 소비 문화 선도

우리샵의 사업 목표는 우선 쇼핑몰 분양 2,000만 개를 달성하고, 상품 1,000만 개를 입점하는 것이었다. 그런데 상품 입점은 3,400만 개로 이미 목표를 초과 달성했다. 이제는 보통 상품이 아니라 퀄리티 상품 1,000만 개를 겨냥한다. 이런 기반을 배경으로 다음 3가지 장기 목표를 수립하여 달성할 것이다.

① 온라인 쇼핑몰+O2O 플랫폼+오프라인 마트+핀테크+네트워크 비즈니스가 결합한 시스템으로, 기존 시장의 상상을 초월하는 소비 혁명 주도

② 실질구매력 기준 GDP1,800조 시장의 소비 플랫폼으로 정착하여 연 180조 이상의 매출을 올리는 세계적 네트워크 비즈니스 플랫폼으로 성장

③ 200여 개국에 진출하여 우리샵의 새로운 소비 문화를 활성화하는 동시에 소비 플랫폼으로서 글로벌 표준의 지위 확보

특허 및 인증서

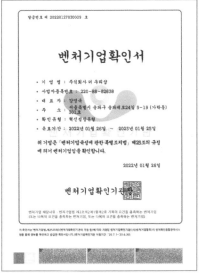

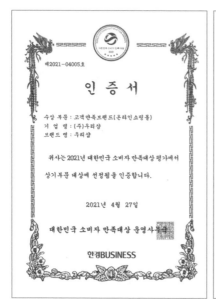

제2021-04005호

인 증 서

수상부문 : 고객만족브랜드(온라인쇼핑몰)
기 업 명 : (주)우리샵
브랜드 명 : 우리샵

귀사는 2021년 대한민국 소비자 만족대상 평가에서

상기부문 대상에 선정됨을 인증합니다.

2021년 4월 27일

대한민국 소비자 만족대상 운영사무국

한경BUSINESS

NATIONAL ASSEMBLY

제2019-96호

표 창 장

(주)우리샵
회장 전 호 근

귀하는 유통산업 육성을 통하여
국가산업 발전에 이바지한 공로가
크므로 이에 표창합니다.

2019년 12월 30일

국회 과학기술정보방송통신위원장
노 웅 래

05

우리샵 참여 실무 가이드

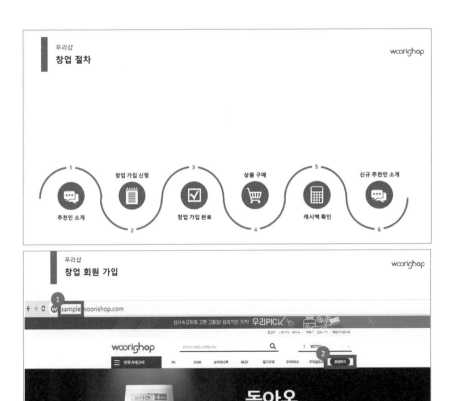

1. 창업하기
- 창업 약관 동의 및 창업 가입에 필요한 자세한 개인정보 기입
- 가입 즉시 회원 등급 PS

2. 간편가입
- 서비스 이용약관 동의 후 가입에 필요한 간단한 개인정보만 기입
- 가입 즉시 회원 등급 PPS

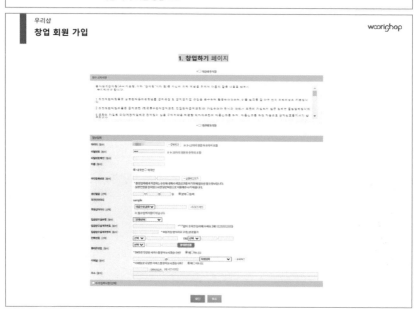

1. 신규 쇼핑몰 분양 완료 확인(http://창업ID.woorishop.com)

상품 주문

1. 구매하고자 하는 제품 검색
2. 제품 선택

상품 주문

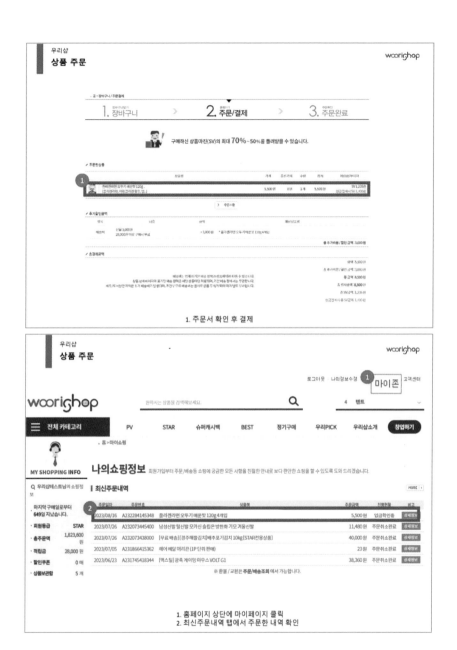

1. 주문서 확인 후 결제

1. 홈페이지 상단에 마이페이지 클릭
2. 최신주문내역 탭에서 주문한 내역 확인

1. 주문한 제품 상세정보 클릭

1. 제품이 발송되기 전에는 제품 취소 및 교환 처리 가능

1. 주문 취소 및 교환 신청서 작성하기

우리샵
상품 구매 취소 및 반품

wcorishop

1. 제품이 발송된 상황에서는 교환/환불 진행 가능

상품 구매 취소 및 반품

woorighop

기본 교환/환불 정책

상세정보	배송관련정보	교환환불정보	상품평(0)	상품 Q&A	관련추천상품

■ 반품비: 본상품을 고객님의 단순변심으로 교환 혹은 반품할 경우 <왕복 택배비>는 고객님 부담입니다.
  (->택배비는 상품별, 지역별로 다를 수 있습니다.)

■ 교환 및 반품이 가능한 경우
  1. 주문 상품 수령 후 사용하지 않으신 경우에 한하여, 상품을 받거나 공급이 개시된 날로부터 7일 이내 교환 및 반품을 신청하실 수 있습니다.
  2. 주문 시 안내 받은 상품의 광고 사항과 다른 상품이 배송 된 경우 수령일로부터 3개월 이내, 알 수 있었던 날부터 30일 이내 교환 및 반품이 가능합니다.

■ 교환 및 반품이 불가능한 경우
  1. 교환/반품 가능기간이 경과된 경우
  2. 고객님의 책임 있는 사유로 상품이 멸실 또는 훼손된 경우 (단, 상품의 내용확인을 위한 포장훼손 등은 제외)
  3. 고객님의 사용 또는 일부 소비에 의하여 상품의 가치가 현저히 감소한 경우 (예:화장품, 식품 등)
  4. 시간의 경과에 의하여 재판매가 곤란할 정도로 상품가치가 현저히 감소한 경우 (예:계절상품, 식품 등)
  5. 포장을 개봉하여 사용하거나 또는 설치가 완료되어 상품의 가치가 훼손된 경우 (예:설치가전/가구 등)
  6. 상품 고유의 포장이 훼손되어 상품가치가 상실된 경우 (예:Tag/라벨이 훼손된 수입 명품 등)
  7. 복제가 가능한 상품의 포장을 훼손한 경우 (예:CD/DVD/GAME/BOOK 등)
  8. 고객님의 주문확인 후 상품제작이 들어가는 주문제작상품으로서 청약철회 제한상품
  9. 그 외 전자상거래등 에서의 소비자보호에 관한 법률이 정하는 청약철회 제한에 해당하는 경우

3장

우리샵에서 제대로 돈 벌기

정보통신과 첨단 과학기술의 발달로 오늘날에는 비즈니스 환경이나 수단이 다양해져 약간만 발상을 전환하면 지속적인 수익을 가져다주는 사업 기회를 어렵잖게 만날 수 있다. 인터넷의 발달로 시공간을 초월하여 세계가 하나로 통한 비즈니스 환경에서는 지구 맞은편에 사는 사람들을 상대로도 실시간으로 돈을 벌 수 있는 사업 기회가 널렸다. 그 대표적인 사업이 네트워크 비즈니스다.

내게 필요한 물품은 나를 통해
구매하는, 즉 소비자인 내가 동시에
플랫폼의 주인이 되어 소비와 동시에 소득을
올리는 우리샵의 혁신적인 비즈니스 방식이
네트워크 비즈니스 업계의 뜨거운 감자로
떠올랐다. 상품 판매마진의 90%를
소비자에게 돌려주는 획기적인
보상 체계가 있어서 가능한 일이다.

플랫폼 비즈니스의 강자 우리샵의 성공 전략

우리샵, 통념을 뛰어넘는 혁신적인 유통 방식

네트워크 비즈니스는 통념을 뛰어넘는 혁신적인 유통 방식으로 선진국에서는 일찍이 일반화된 마케팅 기법으로, 누구에게나 열린 비전 있는 자영 사업으로 입증되었다. 우리나라에서도 각종 서적, 논문, 세미나 등을 통해 이론적으로 검증 작업과 함께 체계가 정립되고 실제로 숱한 성공자를 배출했다.

경력 단절의 여성이나 제2의 직업을 구하는 퇴직자나 투잡을 원하는 직업인의 네트워크 비즈니스에 관한 관심과 참여가 갈수록 크게 관심을 끌고 있다.

그런 가운데 내게 필요한 물품은 나를 통해 구매하는, 즉 소비자인 내가 동시에 플랫폼의 주인이 되어 소비와 동시에 소득을 올리는 우리샵의 혁신적인 비즈니스 방식이 네트워크 비즈니스계의 뜨거운 감자로 떠올랐다. 상품 판매마진의 90%를 소비자에게 돌려주는 획기적인 보상 체계가 있어서 가능한 일이다.

이는 한편으로는 사실상 중간 유통 단계를 없앰으로써 소비자 연대를 통한 공동구매 효과를 낸다.

네트워크 비즈니스, 최고의 성공 기회

세계적인 경제지들은 이미 20여 년 전부터 네트워크 비즈니스가 궁극적으로 유통 구조를 혁신하면서 유통시장을 석권할 것이라고 내다보았다. 그런 예측은 점점 더 가까운 현실이 되어가고 있다.

앨빈 토플러, 로버트 기요사키, 피터 드러커 같은 저명한 미래학자들과 빌 게이츠, 잭 웰치 같은 세계적인 기업가들도 네트워크 비즈니스가 21세기의 가장 강력한 변화의 물결로 유통 산업을 선도할 것이며, 개인이 큰 자본 없이 성공할 수 있는 최고의 기회가 될 것이라고 내다보았다.

또 세계적인 마케팅 전문지들은 네트워크 비즈니스 전망 기사를 특집으로 내면서 "전자상거래는 네트워크 비즈니스를 통해 완전한 힘을 갖추게 될 것이며, 네트워크 비즈니스는 전자상거래를 통하여 유통 혁신의 잠재력을 실현할 것"이라고 예측했는데, 오늘날 그 예측이 그대로 실현되고 있다.

그런 가운데 '우리집 소비 플랫폼' 우리샵이 상품 판매마진의 90%를 소비자에게 돌려주는 획기적인 보상체계를 구축함으로써 개인에게 최고의 성공 기회가 되고 있다.

2000년대에 4세대 비즈니스
개념을 극대화하여 판매 상품이 아니라
판매 장소 교체를 실현한 플랫폼을 개발하여
다시 유통의 혁신을 일으킨 것이
우리샵의 소비 플랫폼으로,
5세대 네트워크 비즈니스의
대표 모델로 발돋움하고 있다.

02

성장하려면 유통과 비즈니스 구조 알기

유통의 패러다임의 혁신적 변화

생산자가 상품을 제조하면 그 상품이 소비자에게 전달되기까지는 복잡한 중간유통 과정을 거쳐야 했다. 중간유통 과정에 따라 소비자가 치러야 할 상품 가격이 결정되는데, 그 중간유통 방식은 크게 생산자 중심의 대리점 유통 방식, 유통업자 중심의 할인매장 유통 방식, 소비자 중심의 네트워크 비즈니스 방식 등 3가지로 나뉜다.

▶ 생산자 중심의 유통(대리점 유통 방식)

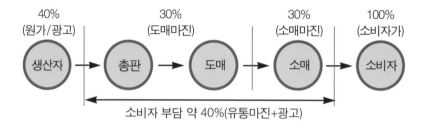

▶ 유통업자 중심의 유통(할인매장 유통 방식)

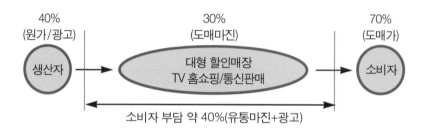

▶ 소비자 중심의 유통(네트워크 비즈니스)

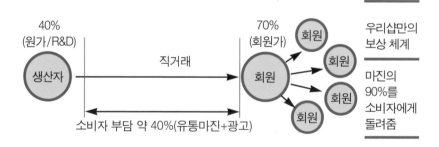

여기서 특히 눈에 띄는 부분은 우리샵의 전무후무한 보상 시스템이다. 소비를 곧 소득으로 환원해주는 우리샵의 네트워크 비즈니스는 단계별로 체계화된 교육을 통해 소비자가 사업자가 되도록 함으로써 "모든 소비자를 사업자로!"의 모토를 실천한다. 그 핵심은 바로 마진의 90%를 소비자에게 돌려주는 것이다.

▶ 중간 유통 단계를 생략한 우리샵의 혁신적 신개념 비즈니스 방식

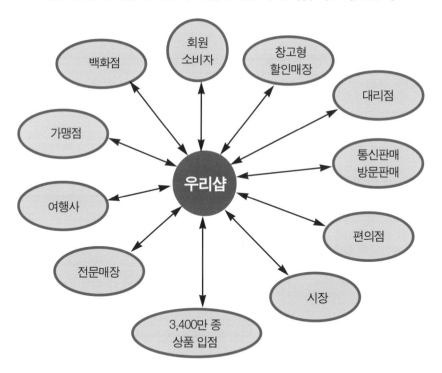

네트워크 비즈니스의 진화 단계(1세대~5세대)

1960~1970년대에 시작된 1세대는 흔히 '방문판매'로 불렸다. 이때는 판매 상품 종류도 한정적인 데다가 생활용품은 없어서 전집 서적과 같은 주로 고가인 상품만 취급했다. 또 TV가 대중화되기 전이고 인터넷이 보급되기 전이어서 방문판매를 할 수밖에 없는 비즈니스 환경이었다. 이때의 사업자들은 대부분 전업 판매원이었다.

1980년대 들어서는 다단계 판매, 일명 피라미드 판매가 유행하기 시작했다. 2세대인 다단계 판매 시대가 열린 것이다. 이때 대표적인 상품이 수백만 원짜리 '건강 자석 요'였다. 새로운 사업자를 끌어들이면서 실용성도 없는 고가의 상품을 강매하다시피 떠넘기는 방식으로 수입을 늘리는 비즈니스 방식으로, 불법적인 사례도 많아서 사회적으로 크게 문제가 되기도 했다.

1990년대 들어서는 다단계 판매 방식의 한계를 인식하고 판매 방식과 취급 상품에서 큰 변화를 일으킴으로써 3세대 네트워크 비즈니스의 시작을 알렸다. 생활용품을 포함함으로써 판매 상품의 종류를 크게 늘리는 한편 비실용적인 고가의 상품을 판매 라인에서 제외했다. 그리하여 비즈니스의 개념이 판매자 중심에서 소비자 중심으로 전환되는 계기를 마련한 것이다. 자가 소비 매출만으로도 적잖은 자영 사업의 기회를 창출하는 획기적인 방식의 네트워크 비즈니스 시스템을 정립함으로써 네트워크 비즈니스를 바라보는 대중의 시선도 긍정적인 방향으로 크게 개선했다.

1990년대 후반에는 컴퓨터와 정보통신의 발달로 전 세계가 하나로 연결되기 시작했다. 글로벌 산업화가 본격화된 것이다. 네트워크 비즈니스도 일방통행을 벗어난 쌍방통행의 4세대로 진화했다. 소비와 비즈니스 활동이 첨단 과학화되고 맞춤 보급 서비스 개념이 자리 잡으면서 소비자가 곧 판매자이자 사업자가 되는 길이 크게 열렸다.

2000년대에 4세대 비즈니스 개념을 극대화하여 판매 상품이 아니라 판매 장소 교체를 실현한 플랫폼을 개발하여 다시 유통의 혁신을 일으킨 것이 우리샵의 소비 플랫폼으로, 5세대 네트워크 비즈니스의 대표 모델로 발돋움하고 있다.

쉬거나 잠자는 동안에도 돈이
들어오는 사업이 우리샵 비즈니스다.
우리샵 플랫폼은 지속적인 소득을 올리는
시스템으로 설계되었다. 내 노력의 결실이
그대로 보상으로 돌아온다. 게다가 내가
구축한 시스템에 속하는 사람들이 올리는
소득에 대해 일종의 로열티 명목으로
내 몫의 보너스 소득이 쌓인다.

03

잠자는 시간에도 돈이 들어오는 시스템 구축

정보통신과 첨단 과학기술의 발달로 오늘날에는 비즈니스 환경이나 수단이 다양해져서 약간만 발상을 전환하면 지속적인 수익을 가져다주는 사업 기회를 어렵잖게 만날 수 있다. 인터넷의 발달로 시공간을 초월하여 세계가 하나로 엮인 비즈니스 환경에서는 지구 맞은편에 사는 사람들을 상대로도 실시간으로 돈을 벌 수 있는 사업 기회가 널려 있다. 그 대표적인 사업이 네트워크 비즈니스다.

그런데도 사람들은 아직 전통적인 돈벌이 수단만을 고집하는 경우가 많다. 우물 안 개구리, 다람쥐 쳇바퀴 신세를 못 벗어나는 것이다. 우리는 이런 고리타분한 사고의 틀에서 벗어나기 좋은 변화의 시대에 살고 있다.

그렇다면 잠자는 동안에도 소득이 계속 생기게 하여 시간과 돈에서 자유롭게 되는, 즉 진정한 자유를 얻을 수 있는 사업에는 무엇이 있으며, 어떻게 해야 하는 걸까?

원하는 삶을 실현한다

우리에게 지금 다니고 있는 직장이나 하는 일보다 더 소득이 높은 사업 기회가 온다면 굳이 기존의 포지션을 고집할 이유가 있을까? 있다면 그것은 두려움일 것이다. 변화에 대한 두려움, 실패에 대한 두려움, 낯선 일에 대한 두려움 때문에 망설이면서 절호의 사업 기회를 애써 깎아내리는 것으로 자기 위로와 변명을 일삼는다.

사람들은 변화의 첫걸음을 떼기가 어려운 것이지, 일단 첫걸음을 떼고 나면 두려움에서 벗어날 수 있다. 그리고 오랫동안 꿈으로만 소망하던 바를 비로소 실현할 수 있다. 알람을 끈 채 실컷 늦잠을 즐기거나, 온종일 좋아하는 영화나 드라마를 즐기거나, 언제 어디로든 마음 내키는 대로 불쑥 여행을 떠나는 삶을 살게 되는 것이다.

좋아하는 일을 하면서 완전한 자유를 누린다

우리는 무슨 일을 하든 좋아하는 일을 하거나 그 일을 좋아하게 되어야 비로소 행복한 삶의 출발선에 설 수 있다. 자기 일을 즐거운 마음으로 해야만 잠재력을 폭발시킬 수 있고, 재능을 꽃피울 수 있다. 또 힘든 고비도 넘길 수 있고, 그 일을 지속할 수 있을뿐더러 성취감도 맛볼 수 있다.

그러나 세상에 이런 직장이나 직업은 그다지 흔하지 않다. 더구나 시간적 · 공간적으로 자유로운 직업은 손꼽힐 정도로 찾기 어렵다. 그런 대표적인 직업이 바로 네트워크 비즈니스다. 그런 가운데서도 네트워크 비즈니스의 장점을 극대화한 우리샵은 그야말로 '황금알을 낳는 거위'로 잠자는 순간에도 돈을 벌어줌으로써 삶의 완전한 자유를 선사한다.

오직 나를 위한 일로, 혼자서도 충분하다

오늘날 직장인들 대부분은 극심한 스트레스에 시달린다. 원인은 다양하지만, 실적에 대한 압박과 직원 사이의 갈등이 가장 크다고 한다. 그 밖에 과도한 업무, 상사의 괴롭힘, 원칙이 지켜지지 않는 근무시간, 틀에 박힌 따분한 업무 등도 스트레스를 준다.

그래서 디지털 산업 환경이 본격화하자 조직 생활을 피해 '디지털 유목민'으로 탈출한 사람들이 날로 늘어났다. 흔히 프리랜서라고 한다. 조직이 주는 복지 혜택을 포기하거나 약간의 소득 감소를 감수하고서라도 스트레스 받지 않고 좋아하는 일을 자기 주도하에 하는 자유인의 삶을 선택한 것이다.

하지만 디지털 유목민의 일도 지속적인 소득이 보장되지는 못한다. 일하는 만큼만 소득이 생기는 것이지 쉬거나 잠자는 동안에는 아무 소득도 생기지 않기는 일반 직장인이나 마찬가지다.

바로 이런 조건까지 충족한 일이 네트워크 비즈니스다. 지속적인 소득을 올리는 일은 하나의 사업으로, 그런 시스템을 만드는 일이다. 내 노력의 결실이 그대로 보상으로 돌아온다. 게다가 내가 구축한 시스템에 속하는 사람들이 올리는 소득에 대해 일종의 로열티 명목으로 내 몫의 보너스 소득이 쌓인다.

우리샵에서는 이런 획기적인 비즈니스 기회를 혼자서 살려 성장시킬 수 있도록 완비된 시스템을 공유하고 관련 교육 프로그램까지 제공한다. 새로운 변화에 대한 도전의 용기만 낸다면 어렵지 않은 일이다.

더 잃을 것이 없는 비즈니스 기회다

정년퇴직하고 제2의 직업을 찾는 사람이거나 다니던 직장을 그만두고 새로운 일을 찾는 사람이거나 경력이 단절되었다가 다시 사회생활을 시작하려는 전업주부거나 간에 사업에는 여러 가지 두려움이 따른다. 그중 가장 큰 두려움은 투자금을 날리진 않을까 하는 두려움이다. 사업 실패로 가정이 풍비박산했다는 이야기를 주위에서 하도 많이 들었기 때문이다.

그러나 네트워크 비즈니스, 특히 우리샵 비즈니스는 전혀 그런 염려를 하지 않아도 된다. 투자해서 가정이 파탄할 만큼의 투자금이 들지 않기 때문이다. 한마디로, 얻을 것에 비하면 잃을 것이 없는 사업이다. 그러면서도 지속적인 소득 발생 시스템을 구축하기 쉬운 비즈니스 모델이다.

지속적 소득은 쉽게 얻어지지 않는다

지속적 소득의 추구는 시스템을 만드는 일이므로 사실 시간이나 노동과 맞바꾸는 소득보다 훨씬 어려운 일이다. 그게 쉽게 되는 일이라고 여기는 건 전적으로 오해다. 시스템을 구축하는 것은 절대 쉬운 일이 아니다. 어렵더라도 한번 구축하기만 하면 이후로는 그만큼 쉽게 돈이 벌린다는 얘기다. 그러니 남들이 올리는 소득 액수만 보고 성급하게 달려들면 금세 포기하게 된다.

그런 안이한 태도가 아니라면 우리샵 비즈니스를 하기 위해 이미 준비된 사람이나 아직 직장을 구하지 않았거나 직업을 갖지 않았다면 우리샵 비즈니스를 시작하기에 더욱 좋은 조건이다. 애플의 창업자 스티브 잡스는 새로운 도전 앞에서 망설이는 사람들에게 격려와 용기를 건넨다.

"모든 것을 잃는다 해도 그 과정에서 얻는 경험은 잃는 것의 10배 이상의 가치가 있다. 그러므로 실패도 아주 많이 남는 장사다."

직업의 판도가 크게 바뀌었다

블록체인과 인공지능 기술로 대표

되는 4차 산업혁명이 시작되었다. 로봇이 산업 현장은 물론 생활에서도 빠르게 인간의 노동을 대체해가고 있으며, 모든 기기는 자동화를 넘어 자율 운행 시스템을 갖추게 되었다. 비행기와 선박 그리고 자동차가 대표적이다.

산업 생산이나 부가가치 창출에서도 창업한 지 얼마 안 된 첨단 과학기술 기업이나 정보통신 기업 또는 온라인 유통 기업이 전통적인 제조업의 대기업을 멀찌감치 제치고 산업을 주도한다. 반도체와 첨단소재 기업들을 비롯하여 마이크로소프트, 구글, 아마존, 페이스북, 스냅챗, 네이버, 카카오 같은 기업들이 주도하는 시대가 되었다. 자동차 산업에서도 전기차와 자율주행차라는 신기술을 선점한 테슬라가 포드, 지엠, 도요타 같은 매머드 자동차 기업들을 제치고 선두에서 산업을 주도하고 있다.

과학기술은 앞으로도 인공지능 개발과 실용화에 초점을 맞추고 계속 발달할 것이다. 이미 실용화 단계에 접어든 산업 및 의료용 로봇, 자율주행 시스템, 사물 인터넷, 챗봇 등의 소프트웨어 개발은 인공지능 개발의 핵심 분야로, 4차 산업을 이끌게 될 것이다.

특히 챗봇의 한계를 넘어선 챗GPT 기술은 세계적으로 관심이 더욱 뜨거워지는 가운데 인류의 삶을 어떻게 바꿔놓을지 촉각을 곤두세우고 있다. 챗GPT 기술의 발달로 인해 이제 학문은 물론 예술

창작의 정의와 패러다임마저 바뀔 태세다. 당연히 챗GPT로 인해 숱한 직업이 아예 사라지거나 직업의 성격이 크게 달라질 것이다.

최근 챗GPT를 개발한 오픈AI와 펜실베이니아대학의 공동 연구 결과, 콜센터 상담원, 사무원, 프로그래머, 기자, 회계사, 통역사 등 단순 반복 업무를 수행하는 직업뿐 아니라 의사, 약사, 변호사, 조사통계 연구원 등 전문직까지 위태로운 것으로 예측되었다.

인공지능 기술로 대체되기 가장 쉬운, 즉 노출도가 가장 높은 직업군 대부분이 변호사, 회계사, 세무사, 분석가 같은 전문직이다. 엔지니어와 통역가, 작가, 번역가 등이 그 다음을 잇는다. 이들 직업의 공통점은 전문적이기는 하지만, 창의적이기보다는 기존의 취합된 정보 분석을 바탕으로 결과를 도출하여 적용하는, 정형화된 반복 업무라는 것이다. 의사, 약사, 변호사, 회계사, 통역사 같은 직업이 대표적으로, 인공지능 기술이 대체하기 손쉬운 직업이다.

국내 국책 연구기관에서 수행한 연구 결과를 보면 향후 10년 동안 인공지능 기술 등으로 인해 사라질 직업군이 700만여 개다. 현재 우리나라 근로자 수가 2,300만 명인 점을 고려하면, 전체 근로자 3분의 1의 일자리가 챗GPT 등의 신기술로 인해 바뀔 것이라는 예측이다.

인공지능 기술로 인해 많은 일자리가 사라지는 대신 그만큼은

자동화 대체 확률 높은 직업		자동화 대체 확률 낮은 직업	
순위	직업	순위	직업
1	콘크리트공	1	화가·조각가
2	정육원·도축원	2	사진작가·사진사
3	고무·플라스틱 제품 조립원	3	작가 및 관련 전문가
4	청원경찰	4	지휘자·작곡가·연주자
5	조세행정사무원	5	애니메이터·만화가
6	물품이동장비 조작원	6	무용가·안무가
7	경리 사무원	7	가수·성악가
8	환경미화원·재활용품수거원	8	메이크업아티스트·분장사
9	세탁 관련 기계조작원	9	공예원
10	택배원	10	예능 강사
11	과수작물재배원	11	패션디자이너
12	행정·경영지원 관련 서비스	12	국악 및 전통 예능인
13	주유원	13	감독·기술감독
14	부동산 중개인	14	배우·모델
15	건축도장공	15	제품디자이너

〈자료: 한국고용정보원〉

아니지만 상당한 일자리가 새로 생길 것으로 보인다. 세계경제포럼은 세계 27개 산업 클러스터와 45개국에 걸쳐 803개 기업(이들 기업은 1,130만 명 이상의 근로자를 고용)을 설문 조사한 연구 보고서 〈일자리의 미래(Future of Jobs 2023)〉를 발표했다.

앞으로 가장 높은 수요가 예상되는 일자리로는 자율주행차와 전기자동차 전문가로 향후 5년 동안 40% 이상 일자리가 늘어날 것으로 전망했다. AI · 머신러닝 전문가 수요는 35% 이상 증가하고, 교육산업의 일자리는 10% 정도 증가하여 직업 교육 교사와 대학 및 고등 교육 교사를 위한 일자리가 300만 개 이상 늘어날 것으로 전망했다.

평생직장 개념은 이미 없어진 지 오래다. 직업 역시 시대 상황에 따라 계속해서 바뀌고 있어 점점 더 평생직업을 갖기 어렵게 되었다. 그러나 비즈니스만은 인류가 존속하는 한 계속될 것이다. 다만, 비즈니스 환경이 바뀔 뿐 비즈니스라는 영역 자체가 사라지는 일은 없을 것이다.

소비자가 곧 판매자를 넘어 사업자가 된다

우리샵 네트워크 비즈니스는 우리샵 플랫폼이 제공하는 비즈니스 시스템과 교육 프로그램을 통해 소비자가 입점함으로써 판매자가 되는 동시에 궁극적으로는 사업자로 성장하는 가장 진화된 네트워크 비즈니스 모델이다. 이는 기존의 유통 시스템을 대체하는 혁신적인 유통 방식이기도 하지만, 기존의 네트워크 비즈니스와도 근본적인 차이가 있다.

기존의 네트워크 비즈니스 회사들은 유통자의 역할 외에 생산자로서 자기 제품을 만들어 판다. 물론 자기 제품이 시중 어떤 제품보다 뛰어나다고 선전하지만, 모든 제품이 그러기는 불가능하다. 또 소비자들은 오래 써온 제품이 편하고 좋아서 바꾸기가 쉽지 않다. 그동안 탈 없이 써온 제품을 웬만큼의 보상 없이는 바꿀 이유도 없다. 게다가 대개는 친환경 제품이나 건강제품을 앞세워 시중 상품보다 비싸게 판매하므로 가격 저항도 만만치 않다.

유통 플랫폼 역할에만 충실한 우리샵은 이런 한계를 벗어버리고 기존 네트워크 비즈니스보다 더 좋은 조건의 비즈니스 기회를 제공한다. 어떤 상품이 되었든 상품은 원하는 대로 사용하게 하고 그 상품을 판매하는 공간만 교체하는 것이다. 어떤 상품이든 소비자가 가장 원하는 상품이 그 소비자에게는 최고의 상품이다. 우리샵은 소비자마다 최고의 상품을 계속 그대로 사용하도록 함으로써 비즈니스에서 상품 교체에 따른 거부감을 핸디캡으로 안고 가지 않는다.

그렇다면 소비자가 어떻게 입점하여 판매자가 되고 궁극적으로 사업자가 되는가. 상품 판매마진의 90%를 소비자에게 현금으로 돌려주는 보상체계에 그 비결이 있다. 게다가 소비자가 사업자가 되는 데 필요한 시스템인 우리샵 플랫폼을 분양하여 사용하도록 할뿐더러 교육 프로그램을 제공한다.

그동안 수많은 네트워크 비즈니스 회사가 굉장한 성공의 기회를 제공한다고 홍보하면서 사업자를 끌어들였지만, 플랫폼만 좋은 일을 시킨다는 인상을 불식시키지 못했으며, 수익 구조가 피라미드 형태로 올라갈수록 편중된 것도 뚜렷한 한계로 작용했다.

우리샵은 바로 이런 한계에 주목하여 그 한계를 짓는 본사의 몫을 과감하게 포기함으로써 다른 회사들이 도저히 따라 할 수 없는 보상 체계를 제시할 수 있게 된 것이다.

우리샵의 성공 프로그램은
5개념과 5원칙을 뼈대로 삼는다. 5개념은
자영사업의 개념, 교육사업의 개념, 팀워크
사업의 개념, 프로모션 사업의 개념,
복제사업의 개념을 말한다. 그리고 5원칙은
절대긍정의 원칙, 크로스라인 금지의 원칙,
3불의 원칙, 더치페이의 원칙, 기브앤테이크(Give & Take)
의 원칙을 말한다. 여기서 3불은
'정치 이야기 불가, 종교 이야기 불가,
사적인 금전거래 불가' 를 말한다.

04

우리샵 성공 프로그램

우리샵 성공 프로그램의 핵심, 5개념 5원칙

우리샵 비즈니스는 플랫폼을 네트워크로 무한 확장시켜가는 네트워크 비즈니스로, 성공 프로그램에 따라 소비자가 판매자로, 이어 사업자로 성장한다. 네트워크 비즈니스에 관해 아무 개념도 없이 욕심만으로 덜컥 사업을 시작한 사람들 대부분이 실패한다. 이런 점을 잘 아는 우리샵은 교육 프로그램을 통해 네트워크 비즈니스의 기본 개념은 물론 우리샵 비즈니스 사업자로서 성공으로 가는 길을 알려주고, 그 길로 가도록 훈련한다.

우리샵이 제시하는 성공 프로그램은 절대 시스템인 5개념과 5원칙을 뼈대로 삼는다.

5개념은 자영사업의 개념, 교육사업의 개념, 팀워크 사업의 개념, 프로모션 사업의 개념, 복제사업의 개념을 말한다. 그리고 5원칙은 절대긍정의 원칙, 크로스라인 금지의 원칙, 3불의 원칙, 더치페이의 원칙, 기브앤테이크(Give & Take)의 원칙을 말한다. 여기서 3불은 '정치 이야기 불가, 종교 이야기 불가, 사적인 금전거래 불가'를 말한다.

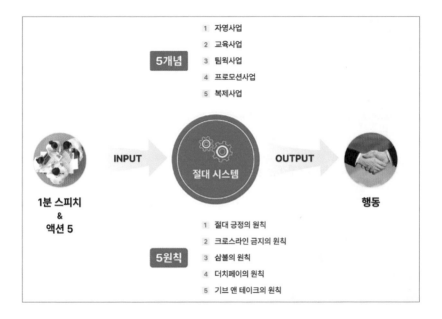

5개념의 구체적인 내용

우리샵 네트워크 비즈니스 5개념의 **첫째**는 **자영사업 개념이다.**

그러므로 다른 누구도 아닌 바로 내가 책임져야 한다는 사실을 잊지 말아야 한다. 내가 주인이 되어 순전히 나를 위해 운영하는 비즈니스이므로 주인의식을 갖고 주도적·자발적·적극적·긍정적으로 운영해야 한다.

본인이 비즈니스 오너로서 중심을 잡고 최선을 다해야 팀워크도 빛을 발한다. 스폰서는 사업의 선배로서 파트너를 성공의 길로 안내하고 교육하는 역할을 하는 것이고, 파트너는 본인의 사업을 성공시키기 위해 스폰서의 사업 노하우를 적극적으로 배우고 흡수하는 것이다.

5개념의 둘째는 교육사업 개념이다.

네트워크 비즈니스 교육은 어린아이 대상이 아니라 성인을 대상으로 한다는 사실을 잊지 말아야 한다. 그러므로 성인이라면 교육에 자발적으로 참여하고 집중해야 한다. 또 몸에 밸 때까지 반복교육도 스스로 해내야 한다. 어린애한테 하듯 밥을 떠먹여 주는 교육이 아니라는 뜻이다. 무엇보다 미팅에 100% 참석하는 것이 기본이다. 우리샵 시스템은 자연스럽게 참여교육이 되도록 구성되었다. 주제 강의, 1분 스피치, 액션 5 스피치, 워크샵 & 롤플레잉 등의 모든 교육과정이 참여와 토론으로 이루어지기 때문에 지루할 틈이 없다.

교육사업에서 빼놓을 수 없는 화룡점정은 행동으로 실천하는 교육이 되도록 하는 것이다. 행동이 따르지 않는 교육은 죽은 교육이다. 아무리 큰 교훈과 감동을 남긴 교육이라도 행동으로 옮겨지지 않으면 비즈니스의 성공에 아무런 도움이 되지 못하기 때문이다.

그렇다면 교육 시스템은 어떻게 구성되고, 어떤 교육 내용을 담고 있을까?

모든 시스템은 명료해야 하는데, 교육 시스템은 더욱 그렇다. 여기에는 '나' 개인에 대해서는 '성공의 8단계'를 교육하고, '우리' 팀에 대해서는 '로컬미팅'을 교육한다.

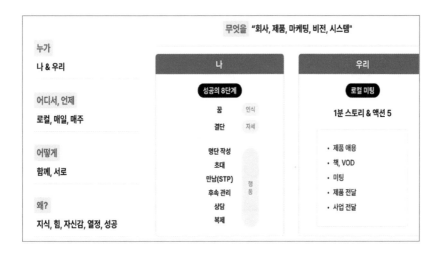

5개념의 셋째는 팀워크 사업 개념이다.

우리샵 네트워크 비즈니스는 팀이 함께 성장하는 팀워크 사업이다. 자영사업 개념으로 똘똘 뭉쳐진 WBO(우리샵 비즈니스 오너)들이 자발적 · 주도적 · 적극적으로 팀워크를 이루어 신규고객이나 신규사업자가 우리샵의 비전에 공감하여 사업에 합류하고 성장할 수 있도록 협업하는 사업이다.

팀워크의 핵심 도구는 1분 스피치와 액션 5 스피치다. 저마다의 인생이 1분 스피치에 담겨 공유된다. 눈물 없는 인생, 사연 없는 삶이 어디 있겠는가. 1분 스피치를 통해 영화 같은 인생살이를 듣노라면 공감의 물결이 일어나 서로가 서로에게 동화되면서 위로를 받고 용기를 얻는다. 비로소 자신감이 충만해지는 것이다.

이렇게 팀워크가 이루어지는 공간이 미팅의 공간이다. 그러니 미팅에 참석하지 않고서는 팀워크를 발휘할 길이 없다. 그러면 사업의 성장은 요원해지는 것이다.

5개념의 넷째는 프로모션 사업 개념이다.

우리샵은 무자본 · 무점포 사업, 즉 입만 가지고 하는 사업이다. 그렇다면 입으로는 무엇을 할까? 자랑이다. 여기저기 틈만 나면, 아니 틈을 내서 자랑하고 다녀야 하는 사업이다. 자랑거리야 널렸다. 9년간 기초를 다지며 연속 우상향 성장한 회사, 1개의 상품으로 출발해서 3,400만 개 누적 입점 상품 기록, 판매마진의 90%를 소비자에게 돌려주는 소비 플랫폼, 모두가 사용해야만 하는 절대 제품, 100% 국내산 해뜰김치 3만 원어치 사먹자 7,000원 캐시백이 일주일 만에 딩동 하고 들어온 기쁨, 진정한 무한 누적과 무한 단계의 소득, 완전한 무자본 비즈니스를 실현한 플랫폼, 진정한 소비 네트워크 비즈니스, 플랫폼이 우리집으로 들어와버린 4세대 유통 등 알면 알수록 자랑할 게 더 많아지는 우리샵이다.

5개념의 다섯 번째는 복제사업 개념이다.

복제는 금융의 복리 이자와 같은 개념으로, 그 위력은 실로 엄청나다. 세계적인 부호 워런 버핏도 바로 이 복리 덕분에 지금의 엄청난 부를 쌓았다. 복리가 아니라면 꿈도 꾸지 못할 거대한 부를 축적한 것이다.

5개념과 5원칙이 로컬미팅의 주제 강의 및 1분 스피치와 액션 5 스피치를 통해서 자연스럽게 복제되도록 만들어진 시스템이 우리샵의 복제사업 개념이다.

우리샵 OVOV 시스템

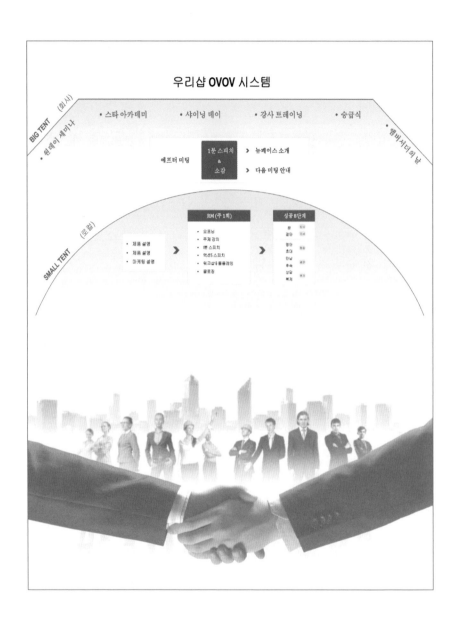

BIG TENT (회사)

- 원데이 세미나
- 스타 아카데미
- 샤이닝 데이
- 강사 트레이닝
- 승급식

앰버서더의 날

애프터 미팅

1분 스피치 & 소감

> 뉴페이스 소개
> 다음 미팅 안내

SMALL TENT (로컬)

- 제품 설명
- 제품 설명
- 마케팅 설명

RM (주 1회)
- 오프닝
- 주제 강의
- 1분 스피치
- 럭션 스피치
- 워크샵&롤플레잉
- 클로징

성공 8단계

4장

우리샵에는 성공 시스템이 있다

개인이 시스템의 도움 없이 모든 것을 혼자서 준비하고 처리하다 보면 관련 법률을 잘 몰라서 본의 아니게 불법에 노출될 수 있다. 좀 억울한 일이라고 하겠지만, 몰라서 어기는 것도 엄연히 불법이 된다. 하지만 우리샵 시스템은 법률적으로도 엄격한 검증을 거치기 때문에 불법에 노출될 일이 없다.

시스템의 핵심 원리로,
비즈니스에서 가장 중요한 요소는
명확한 대상 고객을 정하는 것이다.
내 상품과 서비스가 무엇인지, 고객이
기꺼이 비용을 낼 만한 가치가 있는지,
내 상품과 서비스를 간절히 원하는
대상 고객이 있는지 명확히
정의되어야 한다.

01

성공을 위한 시스템과 요소

    네트워크 비즈니스는 20세 초에 시작된 비즈니스 모델로, 100년의 역사를 바라보지만, 1990년대에 들어서야 부정적인 이미지를 씻어내고 인터넷의 발달을 업고 글로벌 규모로 사업을 확장할 수 있게 되었다.

    2000년대 들어서는 소셜 미디어의 등장으로 더욱 발전한 네트워크 비즈니스는 소셜 미디어 플랫폼을 구축하여 제품 홍보, 판매, 판매 대리인 모집에 효과적으로 활용하고 있다. 그리하여 현재 네트워크 비즈니스는 전 세계적으로 수많은 회사와 판매 대리인이 참여하는 대규모 산업으로 성장하게 되었다. 다양한 제품과 서비스 부분에서 활발한 활동이 이루어지고, 지속적인 혁신과 기술 발전이 이루어지고 있다.

    네트워크 비즈니스는 이상적인 유통 방식이자 비즈니스 모델로서, 일과 가정생활의 균형을 이룰 수 있는 장점이 있다.

그렇다면 네트워크 비즈니스를 위한 시스템은 어떻게 구성되어 있고, 성공적인 시스템의 구성 요소는 무엇일까?

시스템의 소프트웨어적 구성 요소

시스템의 핵심 원리로, 비즈니스에서 가장 중요한 요소는 명확한 대상 고객을 정하는 것이다. 내 상품과 서비스가 무엇인지, 고객이 기꺼이 비용을 낼 만한 가치가 있는지, 내 상품과 서비스를 간절히 원하는 대상 고객이 있는지 명확히 정의되어야 한다.

고객이 정해지고 나서야 판매 전략을 기획하고 실행할 수 있다. 구체적이고 명확한 사업 목표와 목적을 설정하는 것이 전략의 시작이다. 목표와 목적은 충분히 공감을 일으켜야 한다.

목표와 목적이 정해졌다면 사업을 널리 알리는 홍보와 광고가 다음 단계다. 광고비가 넉넉하다면 여러 홍보·광고 채널을 구축할 수 있지만, 적은 비용으로 최대한의 효과를 얻으려면 내가 잘하는 것부터 작은 블록으로 시작하는 것이 좋다.

이제 고객이 공감하는 친밀한 메시지로 콘텐츠를 작성한다. 고객의 흥미를 유발하는 제목과 클릭을 유도하는 리드 문장이 중요하다. 고객이 인터넷에 검색하는 접점 키워드와 나의 브랜드 키워드를 넣어서 제목과 리드 문장을 만들면 고객에게 노출되는 면을 넓힐 수 있다.

그러고 나면 내 콘텐츠를 소비한 고객이 질문하도록 다양한 채널의 중간 정거장을 만들어 고객을 초대한다. 고객의 구매 동선(검색〉인지〉흥미〉질문〉고려〉행동〉재구매〉입소문) 설계를 기획하고 단계별 콘텐츠를 준비한다.

그리고 고객이 검색을 통해 내 콘텐츠를 확인하고 신뢰할 수 있는 브랜드인지 인식하는 단계가 중요하다. 많은 고객의 홈페이지 유입이 매출로 연결되지 못하는 경우가 있는데, 퍼스널 브랜드 전략이 없기 때문이다. 양질의 콘텐츠를 통해 고객을 중간 정거장으로 초대한 뒤 모바일과 잘 반응하는 검색엔진으로 최적화된 결제 플랫폼을 준비한다. 플랫폼에는 스토리텔링 요소가 들어간 다수의 콘텐츠는 물론 커뮤니티, 이벤트, 리뷰, 질문 게시판 등의 교감 요소가 필요하다.

시스템의 하드웨어적 구성 요소

네트워크 비즈니스에서 성공적인 시스템이 되려면 몇 가지 갖춰야 할 하드웨어 요소가 있다.

첫째는 복제의 용이성으로, 누구나 접근하기 쉽고 따라 하기 쉬워야 한다. 즉, 손쉽게 복제할 수 있어야 한다는 얘기다. 시스템에 접근하는 것도, 구현하는 것도 복잡하고 어렵게 되어 있으면 본론에 들어가기도 전에 접근하거나 참여하려던 사람들이 모두 떠나고 만다.

둘째는 축적의 지속성으로, 성과가 계속 쌓여서 소득 원천이 구조화해야 한다. 즉, 열심히 잘하면 누구나 잠자는 시간에도 돈을 벌 수 있도록 보상체계를 복리 개념으로 설계해야 한다는 얘기다.

셋째는 정보의 공유성으로, 모든 관련 정보가 플랫폼에서는 투명하게 공개되어 공유되어야 한다. 그래야 팀워크를 제대로 살려 협업의 정신을 발휘할 수 있다. 어떤 정보도 왜곡되거나 숨겨져서는 안 된다.

넷째는 활발한 소통성으로, 시스템이 소통하기 편리하도록 구성되고 운영되어야 한다. 다양한 소통 창구가 있는데도 접근하기가 까다롭거나 이용이 어렵게 되어 있으면 있으나 마나다.

잘 만들어진 시스템이 사업 성장에
미치는 효과는 대단하다. 첫째는 팀워크를
극대화한다. 우리샵은 더불어 잘살도록 서로
도와가며 성장하는 공동체적 휴먼 비즈니스
플랫폼이므로 무엇보다 시스템이 중요하고,
시스템이 미치는 시너지 효과가 사업의 성패를
좌우한다. 그러므로 시스템을 가볍게
여겨 대충 만들거나 운영에
소홀해서는 안 된다.

02

시스템 안에서 성공하기

시스템이 사업 성장에 미치는 효과

잘 만들어진 시스템이 사업 성장에 미치는 효과는 대단하다. 그러므로 시스템을 가볍게 여겨 대충 만들거나 운영에 소홀해서는 안 된다. 그렇다면 시스템은 어떤 효과가 있을까?

첫째는 팀워크를 극대화한다.

우리샵은 더불어 성공하도록 서로 도와가며 성장하는 공동체적 휴먼 비즈니스 플랫폼이므로 무엇보다 시스템이 중요하고, 시스템이 미치는 시너지 효과가 사업의 성패를 좌우한다.

우리샵의 시스템은 먼 길을 날아가는 기러기 떼에 공통으로 미치는 부력이나 독수리가 높이 비행할 때의 상승기류 같은 것이다.

V자 모양의 편대로 날아가는 기러기 떼는 선두 기러기의 날갯짓으로 생기는 부력 덕분에 뒤따르는 기러기들은 70%의 힘만으로 날 수 있다. 그런가 하면 독수리는 일단 높이 날아오르기만 하면 상승 기류에 몸을 맡겨 별로 힘들이지 않고 멀리 날 수 있다. 네트워크 비즈니스에서 시스템의 시너지 효과 역시 같은 원리다.

둘째는 시행착오를 방지한다.

제아무리 많이 배우거나 똑똑한 사람도 네트워크 비즈니스에 처음 시작했다면 아무것도 모르는 어린애나 마찬가지다. 시스템은 이런 초보자도 시행착오나 실패의 길로 가지 않도록 친절하게 안내하고 교육하고 도와준다.

셋째는 사업의 본의 아닌 불법성을 막아준다.

개인이 시스템의 도움 없이 모든 것을 혼자서 준비하고 진행하다 보면 관련 법률을 잘 몰라서 본의 아니게 불법에 노출될 수 있다. 억울하겠지만, 법을 몰라서 어기는 것도 엄연히 불법이 된다. 하지만 시스템은 법률적으로도 엄격한 검증을 거치기 때문에 불법에 노출될 일이 없다.

시스템 안에서 성공하기

네트워크 비즈니스는 플랫폼 시스템의 지원 없이는 성공하기 어렵다. 성공은 커녕 시작하기도 어려운 일이다. 시스템을 구축하고 운영하는 일은 해당 전문가한테도 쉬운 일이 아니다. 그러니 일반인은 오죽하겠는가. 더구나 스마트폰 결제 앱을 통한 구매대금 결제가 일반화한 오늘날에 시스템을 구축하면서 결제 시스템을 빼놓을 수는 없다.

상호 커뮤니티와 정보 공유부터 상품 구매 및 반품 그리고 까다로운 결제에 이르기까지 비즈니스에 관련된 모든 것을 체계화한 시스템을 벗어나서는 성공하기란 거의 불가능하다.

그러므로 네트워크 비즈니스의 성공이란 당연히 시스템 안에서의 성공이다. 거의 모든 성공의 DNA를 모아 구축한 시스템의 지원을 업고도 성공하지 못한다면, 그건 시스템의 문제가 아니라 사업자 개인의 문제이기 쉽다.

진정으로 성공하고 싶다면, 시스템의 교육 프로그램이 제시하는 다음의 중요성을 잊지 말아야 한다.

첫째, 인간관계의 중요성.

둘째, 인내와 꾸준함의 중요성.

134

셋째, 태도의 중요성.

넷째, 오너십과 리더십의 중요성.

우리샵이 지원하는 절대 시스템

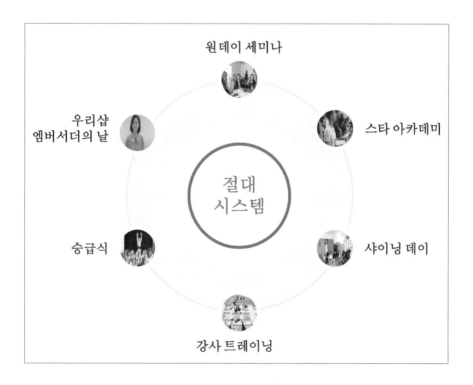

시스템 안에서 사업을 해야 하는 5가지 이유

시스템 안에서
사업을 해야 하는
5가지 이유

1 이미 이 분야에서 성공한 모든 사람이
시스템 속에서 성공했기 때문이다.

시스템 속에서
사업을 하면 그만큼 성공 확률이 높아진다.

2 스폰서의 시간은 한정된 것이므로,
나를 포함한 그룹 내 모든 사람을
개인적으로 서포트 할 수 없기 때문이다.

그러나 내가 시스템을
공유하면 내게도 서포트가 가능하다.

3 내 스폰서는 내 말이 아닌 행동을 통해서
누가 팀의 중심인지 알고
싶어하기 때문이다.

내가 육성 그룹으로 인정받으면, 스폰서
그룹의 집중적인 서포트가 일어난다.

4 이 사업은 스폰서와의 협력 관계에서
성립되며, 그 협력의 첫걸음이 내가
시스템에 플러그인 되는 것이기 때문이다.

따라서, 내가 시스템에 합류하지 않으면
스폰서는 나를 외면하게 된다.

5 나를 리더의 위치에 가면
산하에서 누가 리더의 조건을 갖추었는지
구분해야 하기 때문이다.

결국은 내가 시스템 속에서 성장한
리더라야 그것이 가능해진다.

시스템 안에서 성공하는 완전한 자유인

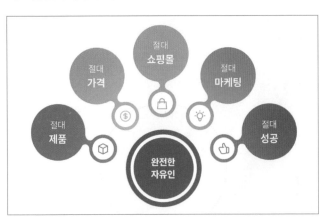

성공하는 방법론과 행동원칙

우리샵 비즈니스를 성공적으로 진행하는 데는 단계별로 10가지 필수 방법론과 5가지 핵심 행동원칙이 있다.

[10가지 필수 방법론]

① 꿈 틔우고 가꾸기

② 사업 시작 요령 습득하기

③ 비즈니스 대상 명단 작성하기

④ 소통하고 초대하기

⑤ 사업 설명하기

⑥ 후속 조치하고 지속하여 후원하기

⑦ 팀워크를 다지고 의사소통하기

⑧ 복제와 매출 증식에 힘쓰기

⑨ 목표 재설정하기

⑩ 태도와 자기 정체성 유지하기

[5가지 핵심 행동원칙]

① 관련 자료 보고 읽기

② 미팅 참석하고 소통하기

③ 소비와 고객 관리 실행하기

④ 사업 설명하고 성장시키기

⑤ 상담하고 신뢰 쌓기

이런 10가지 방법론과 5가지 행동원칙이 일회용으로 그쳐서는 소용이 없다. 몸에 익어 저절로 네트워크 비즈니스적으로 사고하고 행동할 때까지 계속 반복하는 것이 성공의 열쇠다.

생각은 에너지다!
내 몸과 마음을 움직이는 에너지고,
내 잠재력을 끌어내는 에너지다. 그런
생각이 부정적으로 흐르면 에너지가 생길 리
없다. 있던 에너지도 사라지고 말 것이다.
생각은 습관적인 방향에 따라 뇌에 다른
경로를 만들기 때문에 우리는 생각을
올바른 방향으로, 긍정적으로
이끌어야 한다.

03

목표 달성을 위해 부정적인 생각 지우기

"뭔가를 진정으로 원하는 사람은 언젠가는 그 목표를 반드시 이루고야 만다."

어느 분야에서든 성공하는 사람이라면 이구동성으로 하는 말이다. 또 이 말에 따라 포기하지 않고 끝까지 노력하는 사람은 결국은 성공했다.

진정으로 원하는 사람이 할 일

그렇다면 누가 무엇을 진정을 원하는지, 그렇지 않은지 어떻게 알 수 있을까? 방법은 간단하다. 그 사람이 무엇을 원한다면서 말로만 그치는지, 즉시 행동으로 옮기는지 보면 된다. 무엇을 원하든 행동으로 옮기는 사람은 언젠가는 반드시 그것을 이루고야 만다.

> ## 같은 행동을 반복하면서 다른 결과를
> ## 얻기를 바라는 것은 미친 짓이다.
>
> _ 아인슈타인(물리학자, 1879~1955)

우리가 행동하기 위해서는 목표를 세워야 하는데, 목표를 세울 때는 원하는 것을 최대한 명확하고 구체적으로 제시해야 한다. 그리고 이때 부정적인 마음이 자라고 있다면 모두 긍정적으로 바꿔야 한다. 부정적인 마음이 있으면, 자신감이 위축되고 목표를 낮춰 잡으면서도 '과연 내가 이룰 수 있을까' 의심하게 된다. 자신감을 가지고 온 힘을 다 쏟아내도 성공을 장담할 수 없을 것인데, 스스로 의심한다면 성공할 리가 만무하다.

생각은 에너지다! 당신의 몸과 마음을 움직이는 에너지고, 당신의 잠재력을 끌어내는 에너지다. 그런 생각이 부정적으로 흐르면 에너지가 생길 리 없다. 있던 에너지도 사라지고 말 것이다.

생각은 습관적인 방향에 따라 뇌에 다른 경로를 만들기 때문에 우리는 생각을 올바른 방향으로, 긍정적으로 이끌어야 한다.

열린 마음이 생각을 긍정적으로 이끈다. 남에게 베풀기를 좋아하는 사람은 남에게 주는 것이 곧 자신에게 주는 것이라고 긍정한다. 진짜 중요한 것은 객관적 사실보다도 마음속에 일어나는 진실한 믿음, 주관적인 신념이다. 진심으로 믿는다면 무엇이든 가능하다.

글로 적어보는 나의 꿈

당신이 이루고 싶은 꿈이 있다면 짧은 문장으로 만들어 적어본다. 명확한 의도를 가지고 규칙적이고 체계적으로 반복한다. 마음속 연극의 주인공이 되어 실감 나게 생각하고 행동한다. 이미지가 당신의 일부가 되어 자연스러워질 때까지 지속한다. 그러면 자기도 모르는 잠재력이 분출되고 잠자고 있던 창의력이 샘솟는다. 우리의 잠재의식에 새겨진 것은 무엇이든 삶으로 드러난다. 생각이 인생을 만든다.

무슨 사업을 하든 그 분야에서
기존의 데이터가 말해주는 성공
확률보다는 '나는 꼭 성공한 쪽에 들고
말 것' 이라는 믿음과 자신감이 더 중요하다.
그렇다면 성공 확률이 10%든 90%든
그것은 더 중요하지 않다.

04

성공 프로그램 따라 하기

성공할 확률보다는 성공에 대한 믿음이 중요하다

객관적인 확률로 보면 성공이 극히 비관적이던 것들이 성공하고 말겠다는 굳건한 믿음으로 인해 이루어지는 기적 같은 일이 곧잘 일어난다.

축구선수 박지성이 초등학교를 졸업할 무렵 국가대표가 될 확률은 얼마나 되었을까? 우리나라 초등부 축구선수가 프로선수가 될 확률은 0.18%, 국가대표가 될 확률은 그 25분의 1인 0.0072%다. 그렇다면 영국 프리미어 리그에 진출하여 명성을 떨칠 확률은? 아마도 국가대표가 될 확률의 1,000분의 1인 0.0000072%쯤 되지 않을까.

객관적으로 거의 불가능한 확률이다. 박지성은 초등부 선수 기준으로 10만 명 중 1명도 안 되는 꿈을 이룬 셈이다. 그렇다고 행운으로 된 일도 아니다. 꼭 성공하리라는 자기 꿈을 믿고 끝까지 최선을 다하여 노력한 결과다. 성공 확률이 객관적 데이터로는 10만 분의 1도 안 되지만, 박지성 본인이나 아버지의 생각으로는 100% 였기 때문에 이룰 수 있던 꿈이다.

우리나라 자영업의 창업과 폐업 현황을 보면 창업하여 5년을 지속한 업체가 전체의 30%에 불과하다. 그 30%도 겨우 살아남은 업체가 태반이어서 모두 성공했다고 하기는 어렵다. 창업하여 성공했다고 내세울 수 있는 업체는 그 절반인 15%쯤으로 보면 된다. 나머지 15%는 언제 문 닫을지 모를 현상 유지 수준이다.

하지만 무슨 사업을 하든 그 분야에서 기존의 데이터가 말해주는 성공 확률보다는 '나는 꼭 성공한 쪽에 들고 말 것'이라는 믿음과 자신감이 더 중요하다. 그렇다면 성공 확률이 10%든 90%든 그것은 더 중요하지 않다. 앞에서 예로 든 축구선수 박지성이 증명해 보였다. 역사적으로도 단연코 일어나지 않는 많은 일이 현실에서 일어났다.

성공을 부르는 말, 실패를 부르는 말

성공한 후 월계관 위에 안주하는 것, 그것이 실패다.

실패한 후 포기하지 않는 것, 그것이 성공이다.

_ 조지프 필서드스키

이미 15대의 외제 차가 판매되고 있는 상황에서

일본 자동차의 향후 시장 점유율은 미미할 것이다.

_ 비즈니스위크(1969)

집집이 PC 한 대씩 갖는 날이 오지 말라는 법은 없다.

_ 키네스 올슨, 디지털 이퀴프먼트(1977)

라디오의 미래는 없다.

무거운 기계가 하늘을 난다는 것은 불가능하다.

X-레이는 속임수라는 것이 곧 밝혀질 것이다.

열기구 외에 다른 기계로 하늘을 날 수 있다는 주장은

눈곱만큼도 믿을 수 없다.

_ 윌리엄 탐슨 켈빈(1824~1907, 과학자)

TV는 이론적으로나 기술적으로는 가능하지만,

상업적으로나 재정적으로는 불가능하다.

우리가 백일몽을 꾸는 데 시간을 좀 낭비한 것에 불과하다

_ 디 포리스트(1873~1961, 발명가)

비행물체는 결국 속도가 붙을 것이다.

스포츠에도 사용될 것이다.

그렇지만 민간 항공기로서의 가능성은 없다.

_ 옥사드 샤누트(1832~1910, 항공 선구자)

폭탄을 실은 잠수함을 만든다는 건 불가능하다.

_ 클락 우드워드(1877~1967,미 해군 소장)

세상에 팔 수 있는 컴퓨터는 기껏해야 5대라고 생각한다.

_ 토마스 제이 왓슨, IBM(1943)

배우가 말도 하는 걸 누가 보고 싶다고 하겠는가?

_ 해리 엠 워너(1927년, 유성영화에 대하여)

5장

성공하는 우리샵
비즈니스 진행 단계

우리는 네트워크 비즈니스, 특히 우리샵 비즈니스가 우리 모두를 위한 사업이라는 사실을 잊지 말아야 한다. 세계적으로 인종과 종교와 학벌 그리고 남녀노소를 막론하고 모든 부류의 사람들이 이 사업에서 성공한다는 사실을 알아야 한다.

명단을 작성할 때는 알고 있는
모든 사람을 빠짐없이 모두 적는
것이 중요하다. 아는 사람들을 한 명씩
떠올려가면서 임의로 이 사람은 이러니
빼고, 저 사람은 저러니 빼서는 안 된다.
임의로 판단하여 미리 선별하지 말고
아는 사람은 다 적어넣은
명단을 작성한다.

01

명단 작성하기

인간관계로 시작하여 인간관계로 성공한다

누구나 우리샵 비즈니스를 통해 성공할 수 있는데, 그것이 인간관계로 꽃피우는 사업이며, 예측 가능한 사업이기 때문이다. 통계에 따르면, 아니 굳이 통계를 내세우지 않더라도 사업을 접한 사람이 성공한 사업자가 되기 쉽다. 사업설명회는 네트워크 비즈니스의 베이스캠프 역할을 한다. 또 사업설명회는 인간관계의 시작이자 결정판이다. 그러니 사업설명회를 실시하는 횟수가 설명회 참석자들의 자질보다 더 중요한 비즈니스 자산이 된다.

사업의 성공은 설명회에 좌우된다

네트워크 비즈니스에서 성공하려면 다양한 부류의 사람들을 상대로 주기적으로 사업 설명의 자리를 가져야 한다. 이 설명회를 열기 위해 초청장을 보낼 명단을 작성하는 것은 성공을 위한 기초 단계라고 할 수 있다.

처음에 명단을 작성하라고 하면 사람들은 대개 부담스러워하는데, 전혀 그럴 필요가 없다. 그저 빈 종이에 아는 사람 이름과 연락처를 적으면 되는 일이다. 당장 그 명단으로 뭘 하라는 게 아니기 때문이다. 중요한 것은, 이제 사업을 시작하려는 사람으로서 과연 자신이 연락처를 아는 사람을 적었을 때 몇 명이나 되는지 알게 되는 것만으로도 자기 현실을 파악하는 데 큰 도움이 될뿐더러 꼭 필요한 작업이다.

명단 작성 시 임의로 선별하지 않는다

명단을 작성할 때는 알고 있는 모든 사람을 빠짐없이 모두 적는 것이 중요하다. 아는 사람들을 한 명씩 떠올려가면서 임의로 이 사람은 이러니 빼고, 저 사람은 저러니 빼서는 안 된다. 임의로 판단하여 미리 선별하지 말고 아는 사람은 다 적어 넣은 명단을 작성한다.

우리는 네트워크 비즈니스, 특히 우리샵 비즈니스가 우리 모두를 위한 사업이라는 사실을 잊지 말아야 한다. 세계적으로 인종과 종교와 학벌 그리고 남녀노소를 막론하고 모든 부류의 사람들이 이 사업에서 성공한다는 사실을 알아야 한다.

명단을 작성하는 데 이미 사업으로 크게 성공하여 거부가 된 사람이 있어서 적어넣기가 꺼려진다면, 잘못 생각하는 것이다. 크게 성공한 사람일수록 늘 더 많은 것을 이루고자 한다는 사실을 상기할 필요가 있다. 이미 아들, 손자까지 삼대가 쓰고도 남을 만큼 큰 부자가 되었지만, 더 큰 성공을 향한 질주를 멈추지 않는 것은 성취감 때문이다. 돈은 일정한 규모를 넘어서면 삶에 더 의미를 주지 못하지만, 성공으로 만끽하는 성취감은 살아가는 의욕 자체라고 할 수 있다.

그러므로 어떤 사람이 되었든, 누가 얼마나 높은 자리에 있든,

또 얼마나 곤란한 처지에 있든 지레 부정적인 생각으로 명단에서 빼서는 안 된다. 당신은 당신의 일을 하면 되는 것이고, 당신의 제안을 받아들일지 거부할지 결정하는 것은 당신이 아니라 상대방의 일이다. 그러므로 당신이 어떤 사람을 마음대로 명단에서 빼고 넣고 할 계제가 아니다.

▶ 우리샵 비즈니스 사업설명회 명단 작성시 주의할 점

핸드폰에 있는 것은 명단이 아니다.

비즈니스를 위한 명단을 작성한다.

모든 소비자를 명단에 리스트업한다.

사업 대상에 대해 당신이 판단하지 않고 모두에게 기회를 준다.

처음 작성한 명단을 바탕으로
사업 설명을 시작했다면, 그 명단에
적힌 사람들을 실마리로 새로운 이름을
명단에 계속 추가해나가야 한다. 이런
네트워크 확장 작업은 정보 공유, 후원,
추천을 위해 만남의 폭을 넓혀가는 사업의
중요한 과정이고, 잠재고객을 확보하는
비즈니스 기회이기도 하다.

02

명단 확장하기

명단을 처음 작성할 때부터 그 명단을 바탕으로 명단을 확장하는 것까지 고려된 것이다. 명단의 확장은 곧 사업의 확장을 의미하거니와 명단의 확장 없이는 사업의 성장도 없다. 명단은 작성하고 확장하는 가운데 체계적인 관리가 필요하다. 체계적으로 관리된 명단은 아무렇게나 적힌 채로 방치된 명단과는 비교할 수 없을 만큼 그 가치가 높다.

명단의 체계적인 관리 요령

처음 작성한 명단을 바탕으로 사업 설명을 시작했다면, 그 명단에 적힌 사람들을 실마리로 새로운 이름을 명단에 계속 추가해나가야 한다. 이것이 바로 네트워크를 확

장하는 작업이다. 네트워크 비즈니스이니 네트워크에 사업의 존망이 달렸다. 그러니 계속해서 새로운 사람을 만나 관계를 확장해야 한다.

처음에는 새로운 만남 자체가 불편하게 여겨질 수 있다. 하지만 이윽고 어색한 분위기를 허물고 금세 친밀해진다는 사실을 알게 될 것이다.

네트워크 확장 작업은 정보 공유, 후원, 추천을 위해 만남의 폭을 넓혀가는 사업의 중요한 과정이고, 잠재고객을 확보하는 비즈니스 기회이기도 하다.

[성공적인 사업 확장을 위한 5가지 팁]

① 스폰서나 업라인이 추천하는 관련 자료를 읽고 영상을 시청한다.

② 스폰서나 업라인을 본보기로 삼아 배우고 따라 한다.

③ 자기가 본 자료를 추천하거나 빌려준다.

④ 만나는 모든 사람에게 마음을 열고 호의를 베푼다.

⑤ 순수한 마음으로 대화하고, 모든 언행은 마음에서 우러나온 대로 한다.

지인을 사업자로 안내하는 요령

사회적 지위나 경제적 수준이 나와 비슷하거나 더 위에 있는 지인을 명단에 추가하여 자연스러운 기회에 부담이 가지 않도록 비즈니스 기회를 열어준다. 이미 지위가 높고 부를 쌓은 사람들도 대부분 우리샵 사업을 필요로 하는 잠재고객이라는 사실을 잊지 않는다. 하지만 인간관계를 맺을 때는 비즈니스로 접근하지 말고 진정한 친구로 사귄다. 그러면서 신중하고 현명하게 대처하고, 자연스러운 기회가 왔을 때 사업을 영접하도록 돕는다.

[만남에서 호감을 사는 5가지 팁]

① 실수가 두려워 위축되지 않고 당당하게 상대한다.

② 자신이 도움을 주는 사람으로 인식하도록 한다.

③ 혼자 떠들지 않고 공통 화제를 찾아 대화를 나눈다.

④ 질문을 통해 자꾸 상대방이 말하도록 부추긴다.

⑤ 적절한 유머를 구사하면서 즐겁게 대화한다.

사업설명회 초대 기간에는
다른 모임에 참석할 경우 꼭 초대장이나
간단한 설명서를 지참하여 자연스럽게
초대한다. 이때는 해당 모임에 방해가
되지 않도록, 또 거부감이 들지 않도록
적합한 타이밍을 보아 조용히
초대하는 것이 요령이다.

03

초대하기

사업설명회에 초대하기

　사업설명회 참석 예상 명단을 작성했다면, 이제 초대할 순서다. 초대는 일대일 만남에서부터 홈 미팅, 팀 미팅, 오픈 미팅과 대규모 설명회까지 다양한 성격을 띤다. 초대 방법은 설명회 성격에 따라 적합한 방법을 선택하여 사용한다. 초

대는 행사 기일에 좀 여유를 두고 시작하는 것이 좋다. 그러면 빠뜨리는 사람 없이 차분하게 진행할 수 있을뿐더러 초대 대상이 다른 일정을 잡기 전에 초대할 수 있어서 좋다.

초대를 위한 팁

사업설명회 초대 대상자를 초대하는 방법은 여러 가지다. 본인이 직접 나서서 초대하는 방법, 스폰서나 업라인과 함께 초대하는 방법, 팀이 나서서 초대하는 방법 등이 있다.

초대하는 수단도 여러 가지다. 직접 만나서 초대하는 방법은 일대일 만남이나 소규모 미팅에는 괜찮지만, 미팅 규모가 커지면 모든 대상을 직접 만나 초대하기는 어렵다. 이때는 전화로 초대하는 방법이 좋다. 그리고 문자나 메일, 초대장 발송으로 초대하는 방법도 있다. 상황이나 사람에 따라서는 2~3가지 방법을 병행하는 것이 효과적일 수도 있다.

부연하자면, 가깝게 지내는 친구나 친지는 직접 만나서 초대하는 것이 효과가 좋다. 그게 여의치 않으면 우선 전화로 초대하고 나중에 직접 만나거나 그럴 기회가 있으면 다시 확인한다. 가까운 사이일수록 시간과 정성을 들여야 존중받고 있다고 느끼기 때문이다.

사업설명회 초대 기간에는 다른 모임에 참석할 경우 꼭 초대장이나 간단한 설명서를 지참하여 자연스럽게 초대한다. 이때는 해당 모임에 방해가 되지 않도록, 또 거부감이 들지 않도록 적합한 타이밍을 보아 조용히 초대하는 것이 요령이다.

직접 초대와 간접 초대

초대 방법에는 초대 수단 말고도 초대 내용에 따라 직접 초대와 간접 초대의 두 가지 방법이 있다. 생일 초대에 비유하면 이런 것이다. "이번 주 금요일이 내 생일인데, 저녁에 생일 파티를 할 참이에요. 와서 축하해 줄래요?" 하면 '생일 초대' 라는 내용을 분명히 밝힌 직접 초대다. 그렇지 않고 "이번 주 금요일에 시간 괜찮으면 우리 집에 와서 저녁 먹을래요? 고향에서 좋은 횟감이 올라와서요." 하면 '생일 초대' 라는 내용을 밝히지 않고 저녁 식사를 빙자한 간접 초대다.

초대할 때 '우리샵 사업설명회' 라는 것을 명시한 직접 초대와 '좋은 강의' 를 함께 들어보자는 식의 간접 초대 가운데 무엇이 더 좋다고 양단할 수는 없다. 초대 대상, 설명회 규모나 성격, 설명회가 열리는 장소나 시각, 그리고 초대 당시의 상황 등을 고려하여 더 자연스러운 방법을 사용하면 된다.

□ 우리샵 비즈니스 사업설명회 초대의 원칙

준비하고 만나고 통화하고 세미나
장소로 초대한다.

최고의 기회를 준다는 자신감으로
당당하게 초대한다.

| 이거 알아요? |

초대를 위한 상황별 포인트

• 친구나 친지를 초대할 때

1. 경제적 가치를 알린다.

평소 가깝게 지내는 지인이나 친구, 친지라면 서로 자기 고민을 털어놓고 상담
하는 게 자연스럽다. 그런 과정에서 경제적 형편도 속속들이 알게 된다. 사업설
명회에 상대를 초대하거나 사업을 소개할 때도 그런 사정을 고려하면 좋다. 현

재의 수입으로도 그럭저럭 꾸려가지만, 부가 수입으로 경제적 여유를 찾고 싶은지, 현재 어떤 성격의 빚이 얼마나 있는지, 교육비나 주거비 같은 목돈 마련에 어려움이 있는지, 본인이나 배우자의 직업이 불안정하여 실직의 위험이 있는지 하는 사정을 일일이 고려하여 맞춤식 해결책을 제안하는 것이 효과적이다.

2. 시간적 가치를 알린다.

네트워크 비즈니스는 정해진 시간에 출퇴근하여 근무해야 하는 일반 직장과는 달리 시간의 운용이 자유로우므로 여유시간을 최대한 활용할 수 있다는 점을 부각한다. 기존에 자기가 하는 일을 유지하면서 자투리 시간이나 비는 시간만 활용하더라도 꾸준히 하게 되면 지속적인 소득이 창출되는 시스템을 만들 수 있다는 점을 실증 사례를 들어 설명하고, 사업자의 길로 안내한다.

3. 미래비전의 가치를 알린다.

우리샵 비즈니스는 행운에 의지하거나 일확천금을 노리는 사업이 아니라 본인의 노력한 만큼 정직하게 차근차근 소득이 쌓이는 복리 개념의 사업임을 이해시킨다.

네트워크 비즈니스는 21세기형 유통 방식으로 미래비전의 전망이 밝은 사업임을 안내하고, 전문지식이나 큰돈 없이도 누구나 도전할 수 있는 열린 사업 기회라는 사실을 인식시킨다.

더구나 다른 직종에서 직원이나 사업자로 열정을 불사른 사람이라면 그런 열정으로 크게 성공할 수 있으며, 돈과 시간의 구속에서 해방된 완전한 자유인으로 살기를 꿈꾸는 미래를 어떤 일보다 더 빨리 실현해줄 비전 높은 비즈니스라는 사실을 각인시킨다.

• 개인적인 친분이 없는 사람을 초대할 때

1. 긍정적인 이미지를 준다.

평소에 늘 밝은 표정과 활달한 태도로 먼저 인사를 건네는 등 긍정적인 이미지를 주는 것은 모든 인간관계를 트는 데 결정적인 요소로 작용한다. 개인적인 친분이 없는 사람이라도 자신을 이런 긍정적인 이미지로 인식하고 있다면 대화를 트고 모임에 초대하기가 생각보다 어렵지 않다.

2. 공통의 관심사를 만든다.

사람들은 공통 관심사가 있으면 금세 친해진다. 같은 동네 사람이거나 또래의 수험생 자녀를 두었거나 같은 취미를 가졌거나 같은 학교를 나왔거나 하는 등의 공통 관심사는 사람들 사이의 벽을 헐고 인간적 유대관계를 돈독하게 하는 요소다. 공통 관심사를 통해 대화가 자연스럽게 깊어지고 서로 대하기가 편해지면 사업이나 모인 초대 얘기도 어렵잖게 꺼낼 수 있게 된다.

3. 사소한 일에서 호감을 얻는다.

사람은 큰 일보다는 사소한 데서 더 쉽게 감동한다. 가령, 서로 말을 건넨 적도 없이 겨우 안면만 트고 지내는 같은 동네(아파트) 주민이 양손에 무거운 물건을 잔뜩 들고 가는 것을 보았다면 좋은 기회다. 얼른 다가가서 "제가 좀 들어드릴게요" 하고 나눠 든다. 이 사소한 호의 하나가 상대방한테는 얼마나 고마운 일인지 모른다. 우리가 우선 가까이 사는 한 동네 사람들만이라도 조금만 관심을 기울여 살펴보면 호의를 사거나 감동을 줄 수 있는 사소한 일은 생각보다 많다. 그동안 관심을 두지 않아서 안 보였을 뿐이다. 더운 여름날, 마트에서 가족들 아이스크림을 사는 김에 두어 개 더 사서 집에 오는 길에 관리 아저씨한테 '더운데 시원하게 하나 드시라' 고 드리는 것도 감동을 부른다. 작은 정성, 큰 감동이다. 이런 일이 쌓이다 보면 그 동네에서 당신은 가장 믿을 만한 좋은 사람으로 소문나게 마련이다. 이런 평판은 인간관계를 넓히는 데 꼭 필요하고도 가장 훌륭한 자산이다.

• 전화를 걸어 초대할 때

1. 먼저 통화가 가능한지 상대방의 의사를 묻는다.

현대인들은 다들 바쁘게 살아가므로 전화를 받지 못하거나 받더라도 편하게 통화할 겨를이 없거나 길게 통화할 수 없는 상황에 놓이는 경우가 많다. 그러므로 먼저 카톡이나 문자를 보내 지금 통화할 수 있는지, 없다면 언제쯤 편하게 통화할 수 있는지 알아본 다음에 전화를 건다. 이런 사전 확인 작업 없이 전화를 걸어 연결되었다면 지금 통화 가능한지부터 물어보는 것이 기본 예의다. 좀 어려운 사이라면 전자의 방법을 쓰고, 스스럼없는 사이라면 후자의 방법을 쓰는 것도 괜찮다. 어느 쪽이든 전화가 연결되었다면, 상대방이 질문을 해오거나 길게

용건을 말하지 않는 한 통화는 3분을 넘기지 않는 것이 좋다.

2. 초대 개요만 짧게 전달한다.

전화를 걸어 초대할 때 무심결에 저지르기 쉬운 실수가 있다. 사업설명회가 열리는 일시, 장소, 주제 정도만 간명하게 전달하고 통화를 끝내야 하는데 자기도 모르게 사업 내용을 장황하게 설명하는 것이다. 그러면 상대방은 참석할 마음이 싹 가셔버릴 수도 있을뿐더러 무엇보다 전화 예절에 어긋나는 결례다.

3. 전달할 내용을 미리 정리해두고 숙지한다.

전화 통화를 하면서 용건을 두서없이 장황하게 늘어놓지 않으려면 미리 무슨 말을 할지 간명하게 정리하여 숙지할 필요가 있다.

이런 업무상의 전화를 할 때는 안부 인사는 아주 짧게 끝내고 결론부터 먼저 말하거나 상대방의 제일 관심사부터 꺼내는 것이 효과적이다. 그리고 상대방의 참석 의사를 물을 때는 은연중에 참석한다는 것을 전제하여 구체적으로 묻는 것이 좋다. 상대방이 거절하거나 뒤로 물러날 틈을 주지 말아야 한다.

가령, 만남 약속을 잡을 때 "언제 시간이 나시나요?" 하고 막연히 물으면 상대방은 "글쎄요? 나중에 연락하죠." 이러고 말 가능성이 크다. 그런데 "이번 주 목요일이 편한가요, 아니면 금요일 더 좋은가요? 요즘 일 나가신다니 시간은 퇴근하시고 저녁 때가 좋겠지요?" 하고 구체적으로 물으면 상대방은 목요일이나 금요일 중 하나를 골라 대답하기 쉽다. 막연하게 물어서 부담을 주기보다는 확실한 선택지를 주어서 상대방이 선택만 할 수 있도록 힘을 덜어주는 것이다.

초보 사업자가 사업설명회를
처음 개최하면 스폰서의 방식을 참조할
필요가 있다. 그렇다고 그대로 따라 해서는
곤란하다. 기본 틀과 형식은 참조하여
부분적으로 적용하되 자신만의 개성이
돋보이는 방식으로 체계적인 플랜과
프로그램을 제시할 수 있어야 한다.

04

사업설명회

만나기 전에 준비할 것

먼저 인사말이다. 그냥 인사하면 되지 무슨 준비까지 하느냐고 할지 모르지만, 그렇지 않다. 처음 건네는 인사말 한마디가 나의 첫인상을 결정지을 수도 있고, 만남 전체의 분위기를 좌우할 수도 있다. 나아가 그 만남의 성과를 좌우하는 요소로 작용할 수도 있다.

네트워크 비즈니스에서는 이미 아는 사람도 있지만, 인사를 처

음 트거나 아예 모르는 사람도 적잖다. 설명회 참석자들은 직업이나 성향, 사회·경제적 위치나 관심사도 다양하다. 설명회 참석자 명단을 보고 전혀 모르는 사람에 대해

서는 미리 파악하여 적합한 인사말을 준비해두면 만나서 자연스럽게 대화를 풀어갈 수 있다.

만남을 성공적으로 시작하는 대화법

• 권장하고 싶은 대화

- 사장님께서 관심을 두실 비즈니스 정보가 있습니다.

- 저는 요즘 새로운 일에 재미가 들려 살맛 납니다.

- 제가 몸담은 분야는 21세기 혁신형 유통 비즈니스입니다.

- 제가 시작해보니 지금까지 알던 사업과는 차원이 다른 것 같아요.

- 노력한 만큼 계속 소득이 복리 이자처럼 쌓여가네요.

- 여유시간에 할 수 있는 사업이니, 시간에 구애받지 않아서 좋아요.

- 곧 사업설명회가 열리는데, 사업에 대해 상세한 정보를 알 수 있대요.

• 말리고 싶은 대화

- 처음부터 다짜고짜 회사 선전하기에만 바쁜 대화

- 사업설명회 참석을 집요하게 요구하는 대화

- 사실을 과장하거나 없는 사실을 지어내서 하는 대화

- 자기 회사를 올리기 위해 다른 회사를 깎아내리는 대화

- 그 자리에 없는 사람을 부정적으로 언급하는 대화

설명하기 전에 완벽하게 이해하기

사업설명회를 개최하는 사람이 설명회를 완벽하게 지배해야 그 설명회는 성공할 수 있다. 설명회를 지배한다는 것은 설명회의 전체 진행 과정은 물론이고 관련 정보까지 손바닥 보듯이 훤히 꿰고 있으면서 조금의 막힘도 없이 설명회를 물 흐르듯이 이끌어간다는 뜻이다.

가령, 자기가 소개할 제품에 관해서는 특성과 성분은 물론이고 탄생 배경과 역사 그리고 생산 과정까지 속속들이 완벽하게 파악해야 한다. 그러나 제품의 우수성 못지않게 중요한 것은 제품에 대한 소개자의 믿음이다. 소개자 스스로 믿지 못하는 제품을 사용하라고 소개하는 것은 고객을 속이는 행위이기 때문이다.

그래서 성공하는 비즈니스는 상품을 팔기보다는 믿음을 파는 것이다. 고객을 설득하는 대신 진실을 전달한다. 네트워크 비즈니스라고 다를 게 없다.

상품을 소개할 때 정보를 충분히 전달하는 것 외에 잊지 말아야 할 중요한 사항이 있다. 상대방의 입장에서 생각할 줄 알아야 한다는 점이다. 같은 상품을 두고 같은 설명을 들어도 사람들은 저마다 다르게 받아들인다. 가치 기준과 경험치 그리고 안목이 다르기 때문이다. 또 사람마다 필요한 상품 목록이 다르므로 제아무리 좋은 상품이라도 어떤 사람에게는 전혀 필요하지 않을 수도 있다.

상대방에게 상품이나 사업에 관한 정보를 전달할 때도 고려할 점이 있다. 사람보다 상품을 더 내세우게 되면 설명이 지루해지기 쉽다는 점이다. 그렇다고 상품에 소홀하고 사람에게만 관심을 기울이게 되면 상대방이 상품에 대해 질문하거나 이의를 제기할 경우 낭패를 보기 쉽다. 상품에 관한 지식이 부족해 정확하게 응대하지 못하고 인정에 호소하려다 실패하는 것이다.

그래서 상품과 사람 사이에서 균형을 잃지 않는 태도가 중요하고, 설명회를 주먹구구식이 아니라 체계적으로 진행할 필요가 있다.

체계적인 플랜 제시하기

초보 사업자가 사업설명회를 처음 개최하면 스폰서의 방식을 참조할 필요가 있다. 그렇다고 그대로 따라해서는 곤란하다. 기본 틀과 형식은 참조하여 부분적으로 적용하되 자신만의 개성이 돋보이는 방식으로 체계적인 플랜과 프로그램을 제시할 수 있어야 한다.

사업설명회 경험이 많지 않은 사업자는 본인의 성격에 맞도록 설명회를 구성할 필요가 있다. 가령, 내향적인 성격이라면 정도에 따라 두려움을 넘어 사업설명회 강박증에 시달릴 수도 있다. 그래서 완벽하게 준비하느라 너무 힘을 뺀 나머지 정작 설명회에서는 열정을 잃어버릴 수가 있다. 이런 성향의 사업자라면 실수에 대한 두려움이나 완벽해야겠다는 강박증을 내려놓아야 한다. 설령 실수하거나 서툴더라도 개의치 말고 진심 어린 태도로 상대방에게 다가가면 된다.

반대로, 외향적인 성격이라면 사업과 상품에 대한 자신감과 열정이 넘친 나머지 이의나 의문을 제기하는 상대방의 도발에 차분하게 대응하지 못하고 흥분하여 열변을 토하기 쉽다. 그러면 상대방은 그 사업자를 독선적이라고 판단하여 호의를 갖지 못하게 된다. 그러므로 사업설명회는 개최자의 성격에 따라 단점은 드러나지 않는 대신 장점이 도드라지게 드러나도록 구성하여 진행할 필요가 있다.

물론 사업설명회는 상품을 알리고 플랜을 제시하는 자리지만, 사람과 사람이 만나는 자리라는 사실도 잊지 말아야 한다. 사업이나 상품 홍보에 열을 올린 나머지 사람에게 소홀해서는 안된다.

□ 우리샵 비즈니스의 사업 설명

제품, 플랜, 비전을 설명할 수 있는
실력을 키우자

우리샵의 플랜이 기존의 판매 비즈니스와
어떻게 다른지 알려준다.

소비자로써 권리와 혜택을
알려주는 것이 우리샵 비즈니스다.

나의 꿈과 비전을
당당히 오픈한다.

| 이거 알아요? |

사업설명회 준비 핵심 체크 사항

- 상품정보를 충분히 숙지했는가?

- 소개 상품에 대해 깊은 믿음이 있는가?

- 설명회에서 전달할 내용을 체계화했는가?

- 효과적으로 전달하는 연습을 충분히 했는가?

- 다양한 예상 질문을 뽑아내 적절한 답변을 준비했는가?

- 예상되는 돌발상황을 설정하여 충분히 대비했는가?

- 참석자들에 대한 정보를 충분히 숙지했는가?

설명회 진행하기

사업설명회는 네트워크 비즈니스의 성패를 좌우하는 핵심 기반으로, 사업자의 여건이나 참석자들의 성향에 따라 차담 형식의 소규모 미팅에서 이벤트 형식의 대규모 행사까지 다양한 형태로 진행할 수 있다.

중요한 것은, 참석자들이 설명회에서 뭔가 얻도록 해줘야 한다는 것이다. 일부러 시간을 내서 먼 거리를 마다하지 않고 참석하는 배경에는 뭐라도 배우거나 건질 수 있지 않겠느냐는 기대감이 있다. 참석자들의 그런 기대감을 얼마나 충족시키느냐에 설명회의 성패가 달렸다.

사업설명회는 다음과 같은 순서로 진행하되 상황에 따라 유연성을 발휘하여 설명회가 지루해지지 않도록, 나아가 열기를 띠도록 한다. 시간을 잘 분배하여 설명회가 너무 길어지지 않도록 유의한다.

사업설명회 10단계 및 배정 시간

① 인사말, 연사 소개(3~5분)

② 회사, 제품 소개 영상 자료 시청(10분 내외)

③ 최근의 사업 경과와 동향 설명(5분 내외)

④ 꿈과 인생, 미래 비전 이야기(25분 내외)

⑤ 비즈니스 목표 및 플랜 안내(20분 내외)

⑥ 회사의 성장 및 현황 안내(5분)

⑦ 스폰서십 안내(10분 내외)

⑧ 다과 곁들인 휴식(10분)

⑨ 후속 미팅(30분 이내)

⑩ 감사 인사, 다음 모임 안내

ㅣ이거 알아요?ㅣ

사업설명회 성공을 위한 10가지 팁

1. 참석률을 50%로 보고, 희망 참석 인원의 2배를 초대한다.

2. 예비 사업자 명단은 사전에 스폰서와 공유한다.

3. 누가 늦게 오든 시작과 종료 시각을 꼭 지킨다.

4. 질문 순서를 맨 뒤로 빼서 산만해지지 않도록 한다.

5. 분위기상 다과는 휴식시간 또는 끝나고 내놓는다.

6. 약식 미팅이라도 복장을 격조 있게 갖춰 입는다.

7. 참석 인원이 아주 적더라도 동요 없이 진행한다.

8. 홍보물은 미리 내놓지 말고 정해진 순서에 내놓는다.

9. 특히 처음 참석한 사람들이 편안하도록 배려한다.

10. 설명회 과정을 녹화, 녹음, 메모하여 자료로 남긴다.

강요하는 대신 관심 일으키기

사업설명회는 예비 사업자에게 동기부여를 하는 절호의 기회다. 처음 얼마 동안은 스폰서의 도움을 받아 개최하다가 이윽고 단독으로 개최할 수 있어야 한다. 사업설명회 전 과정의 시나리오를 작성하여 지니고 다니면서 사업설명회에 초대받아 참석할 때마다 보완하여 자기만의 시나리오를 완성한 다음에 저절로 우러나올 때까지 진행을 연습한다. 이때 스폰서나 업라인의 경험과 노하우를 모두 받아들여 활용한다.

사업설명회에서는 다른 모든 것에 앞서 반드시 지켜야 할 것이 하나 있다. 절대로 강요하지 말아야 한다는 것이다. 강요는 거부감을 불러 설명회를 망친다. 그러니 강요 대신 관심을 일으켜야 한다. 스스로 관심을 두도록 동기부여를 하는 것만이 자발적인 사업 참여를 끌어낼 수 있다.

| 이거 알아요? |

사업설명회 5대 금기 사항

1. 강압적이거나 비굴한 태도
2. 마음대로 증감하는 고무줄 시간
3. 과장 광고나 허위 광고

청중의 호응 끌어내기

북적거릴 만큼 많은 사람이 참석한 설명회라도 청중의 호응이 무덤덤하면 맥이 빠지기 쉽다. 거기다가 진행까지 지루하고 갈피를 잡지 못하면 최악이다. 그렇다면 어떻게 청중의 호응을 끌어내 분위기를 뜨겁게 달굴 수 있을까?

가장 중요한 것은 설명회가 주최자들의 잔치가 되어서는 안 된다는 것이다. 설명회 진행 과정도 설명회 내용도 철저하게 참석자에게 초점을 맞춰 참석자들의 잔치가 되도록 해야 한다. 그래야 관심을 끌고 호응을 얻을 수 있다.

이런 원리는 선거판 유세장에만 가봐도 금세 알 수 있다. 연단에 오른 후보자가 줄곧 자기 자랑만 늘어놓으면 청중은 야유를 보내거나 자기들끼리 잡담을 하는 등 딴청을 부린다. 만약 그러지 않고 지역주민의 첨예한 관심사나 지역의 숙원사업은 물론이고 지역주민을 주인공으로 하는 연설이라면 유세장의 분위기를 일시에 휘어잡는다.

중요한 것은 화려한 언변이나 넘치는 지식이 아니라 좀 어눌해도 진솔한 이야기, 청중을 주인공으로 삼은 메시지다.

청중의 호응을 부르는 5가지 행동

1. 눈을 마주치며 얘기한다.

연설자의 눈이 청중의 눈을 붙들지 않고 허공을 맴돌면 연설자의 말도 청중의 귀로 들어가지 못하고 허공을 떠도는 메아리가 되고 만다.

2. 흥미로운 화제로 말문을 연다.

연설의 성패는 서두에 꺼내는 화제에 달렸다. 서두에 청중을 사로잡아야 전달하고자 하는 내용을 효과적으로 전달할 수 있다.

3. 청중과의 긴밀한 교감으로 주의를 집중시킨다.

연설자 혼자 신나서 일방적으로 떠들다 보면 청중의 주의는 저만치 닿을 수 없는 거리로 도망가 있다. 연설은 연설자 혼자 하는 게 아니다. 청중과 더불어 호흡하는 연설이 명연설이다. 중간중간 특정인을 지목하여 질문을 던지거나 종종 연단에서 내려와 물리적 거리를 좁히는 식으로 청중과 교감한다.

4. 청중의 사소한 행동 하나까지도 관찰한다.

누군가가 하품을 하거나 공연히 몸을 비틀어 대면 연설이 지루하다는 신호다. 이런 미세한 신호를 포착하여 연설이 지루해지지 않도록 응급조치를 취해가며 연설을 진행한다.

5. 청중이 질문한 요지를 메모한다.

종종 청중의 질문 내용을 잊어먹어 무슨 질문이었느냐고 되물어야 하는 경우가 생긴다. 그러면 서로 민망해질 수 있다. 특히 여러 사람이 연이어 질문하는 경우에는 일일이 기억하여 답변하기가 어렵다. 그래서 질문한 사람 이름과 질문의 요지를 메모해가며 연설을 진행할 필요가 있다.

좋은 인상을 남기는 사업설명회

겉만 번지르르한 사업설명회는 끝나고 나면 뭘 했는지 모르겠다는 반응이 나온다. 무난하게 치르기는 했지만, 아무런 인상을 남기지 못한 것이다. 그러면 후속 조치를 하기도 어려워진다. 본 설명회의 뜨거운 반응을 업고 후속 조치를 진행해야 하는데 차갑게 식어버린 분위기에서는 뭘 해도 시큰둥할 수밖에 없다.

별 인상을 남기지 못한 설명회도 문제인데, 부정적인 인상을 남기기까지 하면 최악이다. 지나치게 강요하는 방식의 설명회, 아이들 다루듯 가르치려 하는 설명회, 상품 판매에 주력하는 속 보이는 설명회는 거부감을 일으키고 부정적인 인상을 남긴다.

　강요보다 관심을 불러일으키는 설명회, 상품을 팔기보다 사람의 마음을 사는 설명회, 열정적이고 활달하며 긍정적인 에너지를 주는 설명회, 무엇보다 꿈을 심어주는 설명회가 강렬하고도 좋은 인상을 남긴다.

명연설의 조건

미국의 윌슨 대통령은 명연설가로 이름 높았다. 그는 연설은 짧을수록 좋은데, 준비하기가 더 어렵다고 했다.

"나는 한 시간 넘게 하는 긴 연설은 당장이라도 할 수 있다. 20분쯤 하는 연설은 두 시간의 준비가 필요하다. 만약 5분 이내로 짧게 해야 한다면 하루 밤낮의 준비가 필요하다."

미국의 외교관 조지프 코어트는 어느 날 짧은 연설은 자기가 누구보다 잘한다며 아내에게 자랑을 늘어놓았다.

"짧은 연설은 하기 힘들다지만, 나는 예전에 아주 짧은 연설로 톡톡히 재미를 본 적이 있소. 지금 생각해도 아주 멋진 연설이었지."

뜨개질하던 아내는 건성으로 대꾸했다.

"청중은 몇 명이나 되었나요?"

"몇 명이냐고? 단 한 명이었지."

"한 명이라고요?"

그제야 아내는 남편을 정색하고 쳐다보았다.

"그 청중은 남자였어요, 여자였어요?"

"젊고 매우 아름다운 여자였지."

"그 여자에게 무슨 연설을 했나요?"

아내가 험악한 눈초리로 쏘아보는 서슬에 무릎에서 털실 뭉치가 굴러떨어졌다.

"무슨 연설이냐고? I love you, 그 한마디였지."

"그렇군요. 그 여자는 지금 어디 있나요?"

"어디냐고? 지금 바로 내 눈앞에 계시지."

아내는 동그래진 눈을 하고 사레가 들린 듯 연신 잔기침을 했다.

사업설명회 호스트는 용모를
단정히 하고 복장을 격조 있게
갖춰 입는다. 사업자로서 개최하여
손님을 초대한 공식 행사이므로 손님을
맞이하는 태도에서부터 사업자다운
면모를 보일 필요가 있다. 방문객은
호스트의 용모와 복장에서 손님을
맞이하는 태도를 처음으로
보기 때문이다.

05

홈 미팅

홈 미팅의 개요

참석자들이 편안하게 사업 설명을 들을 수 있는 모임이 홈 미팅이다. 대개 개최자의 스폰서나 업라인이 개최자 대신 능숙하게 사업 설명을 하므로 가능한 한 많은 사람을 초대하는 것이 좋다. 저녁 미팅이라면 모임 공지 시각은 8시 정도가 적당하며, 실제 사업 설명은 공지 시각에서 10분을 넘기지 말고 시작하는 것이 좋다. 아무리 양보하더라도 15분을 넘기지 말아야 한다. 더 지체하면 먼저 와 있는 참석자들에게 결례일뿐더러 분위기가 어수선해져 미팅은 성공하기가 어렵게 된다. 적당한 미팅 시간은 상황에 따라 좀 달라질 수 있지만, 대체로 1시간 정도면 무난하고 길어도 1시간 30분은 넘지 않는 것이 좋다.

성공적인 홈 미팅을 위한 노하우

- 일단 홈 미팅을 개최했으면, 몇 명이 오든 와야 할 누군가가 안 왔든 약속 시간에 맞춰 진행해야 한다.
- 초대에 자신이 없거나 초대했더라도 기본 인원을 채울 자신이 없으면 스폰서나 업라인의 도움을 받는다.
- 사람들을 초대할 때는 개최자가 희망하는 참석 인원의 2배를 초대한다. 이런 비즈니스 모임은 참석하겠다는 사람의 절반만이 실제로 참석한다는 통계가 나와 있다.

- 초대 대상자 중 '별 일 없으면 가겠다, 그때 봐서 가겠다, 잘하면 갈 수 있을 것 같다, 가도록 노력해볼게' 하는 등의 조건을 달고 모호하게 대답한 사람은 불참자로 분류하면 틀림없다.

- 미팅에 몇 사람만 오더라도, 심지어 한 사람만 오더라도 참석한 그 사람만 초대한 것인 양 즐거운 마음으로 최선을 다해 정성껏 미팅을 진행한다.

- 설령 아무도 참석하지 않더라도 주저앉지는 말아야 한다. 최고직급까지 오르며 크게 성공한 사업자도 초기에는 아무도 오지 않은 텅 빈 미팅 장소에서 숱하게 눈물을 삼켜야 했다. 그것도 하나의 과정이라고 생각하면 이겨내지 못할 시련은 없다.

- 사업설명회 호스트는 용모를 단정히 하고 복장을 격조 있게 갖춰 입는다. 배우자도 함께한다면 역시 조화를 이루도록 잘 갖춰 입는다. 사업자로서 개최하여 손님을 초대한 공식 행사이므로 손님을 맞이하는 태도에서부터 사업자다운 면모를 보일 필요가 있다. 방문객은 호스트의 용모와 복장에서 손님을 맞이하는 태도를 처음으로 보기 때문이다.

- 미팅 중에는 참석자들이 편안한 마음으로 지내도록 세심하게 배려하면서도 호스트는 사업자다운 기품을 지킨다.

- 이 모임은 비즈니스 미팅이라는 사실을 명심하고, 분위기를 산만하게 할 요소, 즉 미팅과는 상관없는 방해 요소는 사전에 모두 제거한다.

- 미팅 장소에 빈 의자가 눈에 띄지 않게 한다. 실제 참석 예상 인원보다 의자를 적게 내놓고 추가로 필요할 때마다 그만큼 내오면 된다.

- 미팅을 위해 별도로 음식을 만들거나 사거나 배달시키지 않는다. 커피, 녹차,

생수 정도만 비치해 놓고, 다과는 미팅이 끝난 다음에 회사 상품 목록에 있는 제품으로 간단하게 내놓는다.

- 몇 사람이 와 있든 늦게 올 사람을 기다리지 말고 예정 시각을 지켜 미팅을 시작한다. '곧 오실 분이 있으니 잠시 후에 시작하겠다'는 등의 언사는 금물이다.

- 연사를 소개할 때는 성공한 사업 동료로서 열광적으로 소개하여 흥을 돋운다. 연사 본인이 자기 약력을 소개하도록 놔두면 안 된다. 호스트의 열렬한 소개와 함께 연사는 짠~ 하고 나타나야 한다.

- 연사가 강연하는 동안 호스트가 자리를 비우거나 딴짓을 하고 있으면 안 된다. 호스트는 누구보다 성실하게 연사의 강연을 경청해야 한다.

- 미팅 전 과정을 녹화할 수 있다면 가장 좋다. 녹화할 수 있는 환경이 아니라면 꼼꼼하게 메모라도 해야 한다. 그래야 나중에 되돌아보며 개선하고 보완할 점을 찾을 수 있다.

- 다음 모임 기일을 정해 참석 약속을 받아내는 것이 필요하다. 다 모인 자리만큼 효과적으로 초대할 자리는 없기 때문이다.

- 마무리 인사말은 짧고 강렬하게 하는 것이 좋은데, 미리 준비하여 충분히 연습해둔다. 1~2분쯤이 적당하고, 아무리 길어도 3분을 넘기지 않는다.

- 참석자들에게 "감사하다"는 말은 하지 않는다. 그 대신 "여러분을 도울 수 있게 되어 기쁘다"고 말한다. '감사할 사람은 여러분이지 내가 아니다'라는 사실을 은연중에 인식시킨다.

- 사업을 과대 포장하거나 확인되지 않은 사실을 확언하지 않는다. 동기부여를 하여 다음 모임에 참석하고 싶게 한 것으로 만족한다.

일대일 미팅이라고 해서
그룹 미팅보다 소홀하거나 가볍게
여겨서는 안 된다. 오히려 더 정성을
기울여야 한다. 그룹 미팅은 10명 중
5명에게 거절당하더라도 나머지 5명이
있으므로 절반의 성공은 되지만,
일대일 미팅은 그 1명에게 거절당하면
100% 실패하는 것이기 때문이다.

06

일대일 미팅

일대일 미팅의 개요

일대일 미팅이라고 해서 그룹 미팅보다 소홀하거나 가볍게 여겨서는 안 된다. 오히려 더 정성을 기울여야 한다. 그룹 미팅은 10명 중 5명에게 거절당하더라도 나머지 5명이 있으므로 절반의 성공은 되지만, 일대일 미팅은 그 1명에게 거절당하면 100% 실패하는 것이기 때문이다. 부부나 절친 또는 형제나 자매끼리 만난다면 실상은 2대2 미팅인데, 그 정도까지는 일대일 미팅으로 간주한다. 일대일 미팅이든 그룹 미팅이든 초보 사업자로서 아직 미팅을 주최할 준비가 부족하다면, 스폰서나 업라인의 도움을 받아 진행할 수 있다. 또 그래야 한다.

일대일 미팅을 잘하는 비결

- 일대일 미팅은 미팅 당사자 양쪽 중 한쪽의 집에서 하되 여의치 않으면 서로 합의한 제3의 장소에서 하면 된다.
- 서로 대화에 집중하기 위해 요점만 메모하고, 대화를 휴대폰 녹음기로 녹음하는 것이 좋다.
- 일대일 미팅 장소에 상대방의 배우자도 있다면 함께 설명을 듣도록 하는 것이 좋다.
- 일대일 미팅은 그룹 미팅과 비교하여 설명보다는 대화에 비중을 더 둔다. 개인의 구체적인 욕구에 맞춰 사업 설명을 하려면 더 많은 대화가 필요하기 때문이다.
- 한 번에 모든 것을 다 설명하려는 과욕을 부리지 말고 어떻게 하는 것이 가장 효과적일지를 생각한다. '급할수록 돌아가라'는 말도 있다. 하물며 급한 일도 아닌데 무리하면서까지 서두를 필요는 없다. 가장 효과적인 방식으로 차근차근

단계를 밟아 진행하면 된다. 처음에는 간명하게 사업의 큰 그림만 보여주는 것으로 만족한다.

• 미팅 마지막에 사업의 개요가 잘 정리된 유튜브 영상을 함께 시청하면 효과적이다. 글보다는 말, 말보다는 영상이 더 쉽게 각인되고 기억에 오래 남기 때문이다.

• 질문이 있다면 반응이 좋은 것이니, 질문에 최선을 다해 답변하되 정확하고 간명하게 답변한다. 모르는 것은 모른다고 솔직하게 말하는 것이 중요하다. 모르는 질문이 나오면 '그건 나도 잘 모르니 정확하게 알아봐서 알려주겠다' 고 대답한다.

• 질문에 대한 답은 짧고 간명하게 하되, 해당 자료나 책자를 제공하여 자세한 내용을 보충할 수 있도록 한다. 시간을 아끼는 측면도 있지만, 미팅을 지루하지 않게 하는 방편이기도 하다.

• 미팅 상대방을 홈 미팅이나 오픈 미팅에 초대하여 나오도록 한다. 사업 설명을 처음 들은 사람에 비해 다시 들은 사람의 사업 참여 확률이 현저히 높아진 것으로 나타났다.

• 일대일 미팅은 모든 미팅을 판에 박은 듯이 같은 방식, 같은 내용으로 진행하면 안 된다. 사전에 미팅 상대방의 정보를 분석하여 각자의 성향에 맞게 미팅을 설계하고 준비함으로써 모든 미팅이 제각각 독창적인 미팅이 되어야 한다.

오픈 미팅에서는 대개
리더스클럽 엠버서더 직급의
최고위 사업자들이 사업 설명을
진행한다. 사업을 처음 접하는 사람들도
많이 참석하지만, 홈 미팅이나 일대일
미팅 참석자들이 좀 더 깊이 알거나
자기 확신을 찾고 싶어 두 번째로
참석하기도 한다.

07

오픈 미팅

오픈 미팅의 개요

많은 예비 사업자들이 참석한 가운데 우리샵의 비즈니스 플랜을 전달하는 모임이다. 오픈 미팅은 호텔과 같은 규모가 큰 장소에서 열린다. 우리샵에 관련된 사람이거나 그 사람들이 초대한 사람은 물론 지역 사람 누구라도 참석할 수 있는 열린 미팅이므로 그 규모가 크기 때문이다.

오픈 미팅에서는 대개 리더스클럽 엠버서더 직급의 최고위 사업자들이 사업 설명을 진행한다. 사업을 처음 접하는 사람들도 많이 참석하지만, 홈 미팅이나 일대일 미팅 참석자들이 좀 더 깊이 알거나 자기 확신을 찾고 싶어 두 번째로 참석하기도 한다.

오픈 미팅을 잘하는 비결

- 초대 대상자들로부터 분명한 참석 약속을 받아내고, 미팅 전날에 최종 점검하면서 미팅 참석을 상기시킨다.
- 미팅 시작 시간보다 10~20분 더 일찍 오도록 안내한다. 서로 인사시킬 시간이 필요하기 때문이다.
- 오픈 미팅은 다양한 층위에서 많은 사람이 참석하므로 복장을 제대로 갖춰 입고 오도록 안내한다.
- 초대한 예비 사업자를 맨 앞자리에 앉히고 나란히 앉는다.
- 가능하면 오픈 미팅 자리에서 다음 미팅 참석 약속을 받아낸다.

설명회의 여운이 남아
있을 때, 즉 가능한 한 가까운 시일
내에 다시 만나는 것이 중요하다.
이것이 바로 후속 조치의 시작이다.
이런 과정은 짧게는 며칠에서 길게는
몇 주가 걸릴 수도 있다. 사람이나
상황에 따라서는 몇 개월, 아니
몇 년간 꾸준히 만나면서 사업자로서
자리를 잡을 때까지 지속적인
관리가 이어질 수도 있다.

08

후속 조치와 지속적인 관리

사업자의 성장과 비즈니스의 성공을 위해서는 후속 조치와 지속적인 관리가 필요하다. 후속 조치는 새로운 사업자를 출발시켜 나아가게 하는 일련의 사업자 양성 과정이다.

예비 사업자를 초대한 사업설명회가 끝나고 나면 무엇부터 해야 할까?

설명회의 여운이 남아 있을 때, 즉 가능한 한 가까운 시일 내에 다시 만나는 것이 중요하다. 이것이 바로 후속 조치의 시작이다. 이런 과정은 짧게는 며칠에서 길게는 몇 주가 걸릴 수도 있다. 사람이나 상황에 따라서는 몇 개월, 아니 몇 년간 꾸준히 만나면서 사업

자로서 자리를 잡을 때까지 지속적인 관리가 이어질 수도 있다.

성공적인 후속 조치의 비결

• 사업설명회가 끝나면 그 자리에서 다음 만남 약속을 잡는다. 설명회 이후 늦어도 이틀 내에 다음 약속을 잡아야 한다. 시간이 흐를수록 다음 약속을 받아내기가 어려워진다.

• 후속 조치에 어려움을 겪을 경우, 스폰서나 업라인의 도움을 받는 것도 좋다.

• 설령 다음 만남 약속을 받지 못하더라도 변함없이 친구 관계를 유지한다. 더러는 관계 진전이 아주 늦은 사람도 있다. 그럴수록 진실한 마음과 태도를 보임으로써 믿음과 존경을 얻어야 한다. 그러면 상대방은 당신의 말을 더 귀담아듣게 되고, 마침내 사업자의 길로 들어서서 당신과 동행하게 될 것이다.

• 예비 사업자를 끌어들여 당신의 이익을 늘리려는 마음보다 그에게 꿈을 심어주는 마음을 앞세우는 것이 중요하다. 내 마음이 어디로 향해 있는지 말은 안 해도 다 느낌으로 아는 법이다.

• 예비 사업자에게 관련 정보를 꾸준히 업데이트해서 전해준다. 그가 망설이는 것은 정보가 충분치 않아서일 수도 있다. 꿈을 이룰 수 있다는 기대감이 커지고 정보가 충분히 뒷받침되면 후속 조치를 하기가 한층 쉬워진다.

후속 조치에서의 문제해결 요령

• 사업설명회가 끝나면 예비 사업자에게 다음 일정을 제안하는 것부터 후속 조치가 이루어진다. 설명회를 마치고 다음 만남 약속을 잡기 전에 예비 사업자에게 하는 질문이 중요하다. 질문을 통해 설명회의 핵심 내용을 상기하면서 예비 사업자 본인의 생각을 정리할 수 있게 된다. 그러므로 질문 내용도 중요하다. 가령, "어때요? 함께 잘살자는 기운이 느껴지나요?", "마진 90%를 돌려주면 뭐로 운영하나, 궁금하지요?", "돈과 시간의 자유를 얻으면 맨 먼저 뭘 하고 싶나요?", "아직도 두려움이나 망설임이 남았다면, 원인이 뭘까요?", "이 꿈을 함께 이루고 싶은 사람이 있나요?" 같은 질문이 필요하고, 또 효과적이다.

• 예비 사업자에게 약속의 중요성을 일깨우고, 사소한 것이라도 문제가 생기면 즉각 소통해서 함께 해결할 것을 요청한다.

• 다음 만남을 못할 것 같다고 하면 반드시 그 이유를 알아본다. 관심이 없어서가 아니라 다른 이유라면 함께 고민하여 해결책을 찾는다. 만약 '관심이 없어서라고' 하면 더 캐묻지 말고 편하게 해주되, 비록 만나진 않더라도 SNS를 통해 친구로서 계속 소통하자고 권유한다. 그리고 언제든지 관심이 생기면 말해달라고 언질을 받는다.

• 상대방이 의문이나 부정적인 걱정을 제기하더라도 즉각 맞부딪쳐서 반론을 제기하면 안 된다. 이럴 때는 완곡 화법을 써서 상대방이 스스로 다시 생각하도록 하는 것이 중요하다. 가령, Feel-Felt-Found 화법을 쓴다. "네, 무슨 말씀인지 알았습니다(Feel). 저도 처음엔 그렇게 생각했습니다(Felt). 그런데 나중에 알고 보

니 사실은~이더군요(Found)." 아니면, "우리는 그런 문제와 관련하여 이런 프로그램이 준비되어 있다" 거나 "사업을 망설이게 하는 걱정거리가 이것입니까?" 하는 식으로 대응할 수도 있다. 비즈니스 만남에서 어떤 경우라도 직접적인 반박이나 논쟁은 금물이다.

• 왜 후속 조치를 하는지 목적을 잊지 않는다. 그 목적을 망각하게 되면 쓸데없는 언행을 일삼기 쉽기 때문이다. 예비 사업자가 사업자로 자리를 잡을 수 있도록 돕는 일이 후속 조치 본연의 임무다. 그러려면 최신의 정보를 충분히 제공하고, 다음에 무엇을 해야 할지 알려준다. 사업 설명을 다시 해줄 수도 있고, 다른 미팅에 초대할 수도 있으며, 걸림돌이나 걱정거리를 해소하는 데 도움을 줄 수도 있다.

후속 조치의 5가지 중점 사항

① 구체적인 목표를 설정하도록 돕는다.

구체적인 목표를 설정하고, 그 목표를 달성하기 위한 노력이 뒤따르지 않으면 어떤 꿈도 이룰 수 없다. 그러므로 목표 설정이 가장 중요하다. 목표는 구체적이고 현실적이어야 한다. '현재 빚이 얼마인데 그 빚을 갚고 싶다', '아이가 대학에 갔는데 공부에만 전념할 수 있도록 뒷바라지를 해주고 싶다', '집이 너무 좁은데 얼마를 더 마련하여 큰 집으로 이사하고 싶다', '동생이 큰 수술을 해야 하는데 수술비를 마련해주고 싶다' 등의 구체적인 개별 목표를 끄집어내게 한 다음 궁극적인 꿈과 연결하도록 돕는다. 이는 강력한 동기부여 과정인데, 동기부여만큼 사람을 분발하게 하는 힘은 없다.

② 목표를 이루는 데 필요한 사항을 알려준다.

 - 다른 사람의 이야기를 경청한다.
 - 자기 일은 스스로 처리하는 습관을 들인다.
 - 인간관계를 잘 맺는다.
 - 소비 패턴을 바꾸고 소비자 확보에 힘쓴다.

③ 명단 작성을 돕는다.

명단 작성에 어려움을 겪고 있으면, 가까운 친구나 친지부터 시작해보도록 권유한다. 문제나 걱정거리가 있는지 알아보고 차분하게 해결 방안을 구하도록 돕는다.

④ 될 때까지 미팅 참가를 돕는다.

사업자로서 첫걸음을 떼기까지 사람마다 개념 정립과 의사결정에 걸리는 시간이 천차만별이다. 미팅만 해도 그렇다. 한 번의 미팅만으로 준비를 모두 끝내는 사람이 있는가 하면 여러 번의 미팅이 필요한 사람도 있다. 그러므로 중요한 것은, 상대방의 성향이나 조건에 맞춰 필요하다면 몇 번이라도 미팅에 참석할 수 있도록 돕는 것이다. 여기에는 유용한 관련 자료나 영상을 제공하거나 소개하는 것도 포함된다.

⑤ 미팅 초대나 진행을 돕는다.

예비 사업자가 준비를 마쳤다면 즉시 회원에 가입시켜 사업자로서 첫걸음을 떼게 한다. 이 초보 사업자가 미팅을 열어 참석자를 초대하거나 미팅을 진행하는 일을 혼자서 해내기는 쉽지 않다. 미팅의 초대나 진행은 매우 예민한 사항으로 풍부한 경험에 따른 노하우가 필요하므로 스폰서나 업라인의 도움의 절실하다.

□ 우리샵 비즈니스 사업설명회 후속 조치

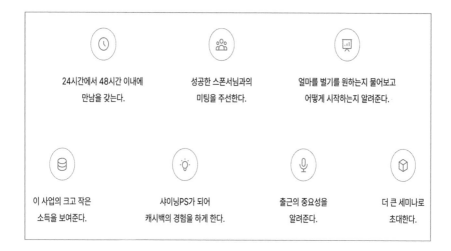

24시간에서 48시간 이내에
만남을 갖는다.

성공한 스폰서님과의
미팅을 주선한다.

얼마를 벌기를 원하는지 물어보고
어떻게 시작하는지 알려준다.

이 사업의 크고 작은
소득을 보여준다.

샤이닝PS가 되어
캐시백의 경험을 하게 한다.

출근의 중요성을
알려준다.

더 큰 세미나로
초대한다.

┃ 이거 알아요? ┃

질문이나 문제 제기에 답변하는 요령

- "저는 이 사업을 할 시간이 없는데요."

[답] 그래서 우리샵을 하시라는 겁니다. 아까도 말씀드렸다시피 우리샵은 시간이 없는 분들에게 시간의 자유를, 돈이 없는 분들에게 돈의 자유를 찾아드리기 위해 문을 연 사업입니다. 지금 하시는 일은 그대로 하시되, 손톱만큼이라도 남는 시간이나 자투리 시간을 활용하면 됩니다.

- **"저는 아는 사람이 별로 없어서요."**

[답] 어디 정말 아는 사람이 별로 없는지 볼까요. 아~ 그래도 스무 사람쯤은 되네요. 이분들 가운데 누가 가장 발이 가장 넓은가요? 같은 아파트 부녀회장님이라고요. 이분은 아는 사람이 최소한 100여 명은 되겠네요. 부녀회장님이랑 친하게 지내면 그 100여 명도 거의 다 아는 사람이 되지 않겠어요. 내가 몇 사람이나 아는지도 중요하지만, 내가 그 아는 사람이 다른 사람을 얼마나 많이 아는지도 매우 중요합니다. 연결하면 되니까요. 두세 다리만 건너면 미국 대통령도 아는 세상이잖아요. 그러니 '세상에 내가 모르는 사람은 없다' 하고 시작하셔도 되는 겁니다.

- **"저는 내향적이라서 비즈니스 타입은 못 되는 것 같아요."**

[답] 무슨 말씀인지 잘 압니다. 저도 그랬으니까요. 어디 저만 그랬게요. 우리샵 회장님도 그랬다고 하더라고요. 그런데 막상 하면서 보니까 이 사업을 하는 데 성격이 꼭 외향적일 필요도 없고, 비즈니스 타입일 필요도 없더라고요. 그러면 그런대로 아니면 아닌 대로 다 장단점이 있더라고요. 더구나 우리샵은 비즈니스에 타고난 사람을 찾고 있는 게 아닙니다. 비즈니스와는 무관한 각계각층의 전문직에 종사하던 분들이 이 사업에서 성공했습니다. 본인이 결심하기만 하면 우리샵 시스템과 선배 사업자들이 체계적이고도 지속적으로 도와주니까요. 성격이나 타입이 아니라 용기가 이 사업을 하는 데 가장 필요한 자질입니다.

- **"가족과 더 많은 시간을 보내야 해서요."**

[답] 아, 그럼 더 잘되었군요. 이 사업은 가족이 함께하면 더없이 좋은 사업이라

서 가족과 많은 시간을 보내는 데는 이만한 일이 없습니다. 가족이 함께하면서 함께 꿈꾸고 함께 꿈을 이뤄가는 사업이 바로 우리샵 비즈니스입니다.

- "여유 자금이 없습니다."

[답] 그렇다면 더욱 이 사업에 동참하셔야겠네요. 우리샵 비즈니스는 시작할 때 돈이 들지 않습니다. 지금 소비하고 있는 상품을 구매하는 공간을 지금 이용하는 마트나 홈쇼핑에서 우리샵 플랫폼으로 바꾸기만 하면 되는 겁니다. 설명회에서 들으셨다시피 우리샵 비즈니스는 돈 없는 분들에게 좋은 사업 기회를 드리는 열린 플랫폼이거든요.

- "이쪽 사업은 이미 포화 상태 아닌가요?"

[답] 그렇다면 왜 해마다 더 많은 사람이 네트워크 비즈니스에 뛰어들까요? 네트워크 방식의 유통이 혁신적인 미래형 유통으로 그 시장이 점점 더 커지고 있기 때문입니다. 세계적인 미래학자나 투자가들이 일찍이 내다보았던 변화입니다. 그런 변화를 놔두고라도 네트워크 비즈니스는 생각한 것처럼 포화 상태가 아닙니다. 오히려 이제 막 가파르게 성장하기 시작한 젊은 시장입니다. 더구나 우리샵 비즈니스는 네트워크 비즈니스 중에서도 전례가 없는 획기적인 보상 체계를 갖추고 있어서 어디까지 성장할지 가늠이 안 될 만큼 강력한 폭발력을 잠재하고 있습니다. 새로운 시장을 확장하기도 하겠지만, 기존의 네트워크 비즈니스 역시 우리샵이 빠르게 대체해 나갈 거예요.

먼저 회원 가입을 늘리는
것이 중요하지만, 그것만으로
끝난 것은 아니다. 이제 막 가입한 회원은
아직 소비자일 뿐이다. 가입 회원을
사업자로 복제해낼 수 있어야 한다.
그 소비자를 사업자로 입문시켜
성공한 사업자로 키워내는 복제
작업이 끊임없이 이어져야
당신의 소득의 원천이 그만큼
넓어지는 것이다.

09

사업 진행 액션 플랜

　네트워크 비즈니스에서 성공하려면 필요한 행동을 반복함으로써 습관을 들여야 한다. 행동의 습관화와 끊임없는 시스템 복제야말로 우리샵의 샤이닝클럽 엠버서더를 넘어 리더스클럽 엠버서더로 가는 지름길이다.

기본적으로 습관을 들여야 하는 것들

- 정기적으로 사업설명회를 연다

1주일에 2회 이상 정기적으로 사업설명회를 열고 있다면, 이미 성공한 사업자라고 할 수 있다. 막 자리를 잡고 성장하기 시작한 사업자라도 적어도 1주일에 1회는 정기적으로 사업설명회를 열 수 있어야 한다.

- 우리집 소비 플랫폼을 애용한다

다른 네트워크 비즈니스야 자사 제품을 생산해서 판매하므로 자사 제품을 사용하는 것이 당연하다. 또 태생적으로 그래야 비즈니스가 일어나는 시스템이다. 한마디로 상품 교체를 통해 소득을 창출하는 비즈니스다. 그러나 우리샵은 상품이 아니라 구매 공간 교체를 통해 소득을 창출하는 비즈니스로, 기존의 네트워크 회사들과는 패러다임 자체가 다르다. 우리집 소비 플랫폼에 입점한 상품은 3,400만 개나 되니, 생활에 필요한 거의 모든 상품을 갖췄다고 볼 수 있다. 소비하는 그 플랫폼이 동시에 소득을 창출하므로 소비자가 플랫폼의 주인인 셈이다. 그리고 한 걸음 더 나아가 소비자가 입점하여 판매자가 되고 궁극적으로는 사업자가 되어 성장한다.

- 가입 회원을 사업자로 활동하게 한다

사업설명회는 회원을 확보하는 기본 원천이다. 그 밖에도 다양한 통로를 통해 회원을 확보하는 데 온 힘을 기울인다. 아무리 많은 사람을 만나더라도, 아무리 많은 사업설명회를 열더라도 회원을 확보하지 못하면 결국 비즈니스는 실패할 수밖에 없다. 아무런 의미가 없는 것이다.

먼저 회원 가입을 늘리는 것이 중요하지만, 그것만으로 끝난 것은 아니다. 이제 막 가입한 회원은 아직 소비자일 뿐이다. 가입 회원을 사업자로 복제해낼 수 있어야 한다. 그 소비자를 사업자로 입문시켜 성공한 사업자로 키워내는 복제 작업이 끊임없이 이어져야 내 소득의 원천이 그만큼 넓어지는 것이다.

- 회사 주최 행사에 적극적으로 참여한다

다른 분야도 그렇겠지만, 특히 네트워크 비즈니스에서는 성공한 사람들과 만남이 굉장히 중요하다. 그런 성공한 사람들은 대개 회사 주최 행사에 나타난다. 강연자로도 나타나고, 축하객으로도 나타나고, 선배 사업자로서 후배 사업자에게 도움을 주기 위해서도 나타난다. 회사 주최 행사에 참여하면 그런 대단한 사람들의 경험과 노하우를 들을 수 있고, 직접 대화를 나눌 수도 있다. 사업자로서 성장하려면 성공한 사람들과 자주 만나고 모임을 공유해야 한다. 회사 주최 행사뿐 아니라 크고 작은 모임에 적극적으로 참여하다 보면 당신은 온통 성공한 사람들로 둘러싸게 될 것이다. "삼밭에 쑥대"란 말이 있다. 쑥이 삼밭에 섞여서 자라면 삼대처럼 곧게 자란다는 뜻이다. 즉, 좋은 환경에서 자란 사람은 그 좋은 환경의 영향을 받아서 좋은 사람이 된다는 것을 비유한 말이다. 성공하는 사람들 가운데 있으면 당신도 성공하는 사람이 되기 쉽다는 얘기다.

추가로 습관화해야 하는 것들

- 성공자의 유튜브 시청으로 동기부여를 한다

분야를 막론하고 성공한 사람들의 생각과 태도와 습관은 남다르다. 이들의 공통점은 끊임없이 동기부여를 한다는 것이다. 동기부여야말로 행동을 부르는 가장 강력한 자극제로, 꿈을 실현해야 하는 이유가 된다. 오늘날 크게 성공한 사람들은 대부분 분야를 막론하고 자기 생각과 성공의 비결을 유튜브로 만들어 공개한다. 그러므로 자기가 필요로 하는 유튜브를 얼마든지 골라 시청할 수 있다.

- 독서를 비롯한 자기계발 습관을 들인다

자기를 계발한다는 것은 현상에 머물지 않고 한 발씩이라도 끊임없이 나아간다는 의미다. 무엇이든 멈추면 고이고, 고이면 썩는다. 사람도 마찬가지다. 새로운 목표는 늘 업그레이드된 자기를 요구한다. 그런 자기는 자기계발로부터 나온다.

독서는 자기계발의 기본이자 핵심이다. 독서를 하지 않고 자기계발을 한다는 말은 대개 거짓말이다. 자기계발에서 독서 말고 다른 것은 다 부차적이다. 스티브 잡스, 빌 게이츠, 제프 베이조스, 일론 머스크 같은 세계적인 사업자들의 공통점은 독서광이라는 것이다.

독서는 매일 30분 이상은 꼭 채우는 습관을 들인다. 출퇴근 시간, 점심시간, 잠들기 전, 아니면 잠에서 깨어나 침대에서 벗어나기 전에 잠깐씩 짬을 낸다. 그러면 하루 30분은 어렵잖게 확보할 수 있다. 욕심을 내면 하루 1시간, 아니 2시간도 가능하다. 그러나 그렇게 긴 시간은 습관을 들이기가 어렵다. 처음 얼마간은 해내겠지만, 웬만한 독서광이 아니고서는 오래가기는 거의 불가능하다.

중요한 것은 하루도 빼먹지 않고 날마다 계속하는 것이다. 그러려면 단위 목표가 만만할 정도로 쉬워야 한다. 하루 30분 독서. 이것만은 하늘이 무너져도 지킨다면, 갈수록 독서가 쉬워지고 재미있어질 것이다. 욕심이 생겨 하루 몇 시간씩 독서를 할 수 있지만,

그것을 루틴의 목표로 삼지 않고 그냥 한다면 좋은 것이다. 매일 반드시 해야 하는 의무량을 의욕만으로 늘리는 것은 바람직하지 않다. 초과량은 맘대로 해도 좋지만, 의무량은 만만하게 설정해야 한다. 독서는 물론이고 건강을 위한 운동도 마찬가지다.

사별삼일(士別三日)이면 괄목상대(刮目相對)한다는 말이 있다. 선비가 헤어진 지 사흘이면 깜짝 놀라 눈을 비비고 상대를 다시 보게 된다는 뜻이다. 선비는 독서가 직업인 사람이다. 그만큼 독서의 힘이 크다는 사실은 동서고금이 다르지 않다. 성공학의 대가 나폴레온 힐은 '독서가 5년 후 그 사람의 모습을 바꿔놓는다' 고 했는데, 5년까지 갈 것도 없다. 책 읽는 사람은 불과 3일이면 달라 보인다고 하지 않는가.

- 배우고 상담받는 것을 즐긴다

성공하지 못하면서도 자기 방식을 고집하는 것은 줏대가 아니라 아집이다. 그런 사람은 자격지심 때문에 성공한 사람에게 배우려 들지 않는다. 실패도 한 번이면 실수일 수 있지만, 두 번을 넘어가면 습관이 된다. 그래서 실패에서도 배워서 같은 실패를 반복하지 않는 것이 성공하는 사람들의 습관이다.

성공한 사람에게 배우고 상담받는 것은 네트워크 비즈니스에서 선택이 아니라 필수다. 성공한 사람들은 실수나 실패를 통해 배우는 지혜와 태도를 지닌다. 전구를 발명하기까지 1천 번의 실패를 한 에디슨은 그것이 하나의 과정이었을 뿐 실패가 아니라고 했다. 끝까지 포기하지 않고 실패를 거울삼아 한 걸음씩 나아가 마침내 성공했기 때문에 할 수 있는 말이다. 만약 999번째에서 포기하고 말았다면, 성공을 위한 과정이 아니라 999번의 실패만 남았을 것이다.

오늘날의 미디어나 통신 환경은 직접 대면하지 않더라도 배우고 상담하기에 더없이 좋은 조건을 갖추고 있다. 더구나 돈도 거의 들지 않는다. 뭐든지 마음만 먹으면 독학으로도 전문가의 경지에 오를 수 있는 평생교육 환경이 구축되어 있다. 네트워크 비즈니스계의 성공한 사람들도 이런 환경을 적극적으로 활용하여 자신의 비즈니스 노하우를 아낌없이 공개하고 있다. 그 공개 자체가 효과적인 비즈니스 활동이기도 하다. 이미 밥상은 걸게 차려졌다. 배고픈 사람이 와서 떠먹기만 하면 된다.

- 신뢰를 쌓아 존경받는 리더가 된다

사업의 생명은 신뢰다. 신뢰를 얻지 못하면 사업을 영위할 수 없을 정도로 사업에서 신뢰는 절대적이다. 리더에게 가장 필요한 덕목 역시 신뢰다. 신뢰에서 리더의 권위가 나오기 때문이다. 신뢰를 잃는 순간 리더로서의 생명도 끝이다.

　네트워크 비즈니스에서 사업자는 필연적으로 리더가 될 수밖에 없다. 또 리더가 되어야 성공한 사업자가 될 수 있을뿐더러 높은 소득을 올릴 수 있기 때문이다.

　사업자로서, 리더로서 신뢰를 얻는 요소는 정직과 책임감이다. 네트워크 비즈니스는 인간관계를 바탕으로 이루어지기 때문에 정직과 성실 그리고 책임감에서 우러나오는 신뢰가 생명일 수밖에 없다. 신뢰가 쌓이면 존경은 저절로 따라온다. 리더가 존경받는 팀은 크게 흥할 것이고, 그렇지 못한 팀은 지리멸렬할 것이다. '명장 아래 약졸 없다' 는 옛말이 그냥 나온 게 아니다.

아무리 훌륭한 시스템도
비즈니스 목표를 설정하고
그에 따른 플랜을 수립하여 실행해야
의미가 있다. 아무리 훌륭한 시설을
갖춘 공항이라도 비행기가 운행되지
않으면 아무 쓸모가 없는
것과 마찬가지다.

10

비즈니스 목표 설정과 플랜 수립 그리고 성취

개인 차원에서의 목표와 플랜

비즈니스는 목표를 설정하고 그에 따른 플랜을 수립하여 실행해야만 열매를 거둘 수 있다. 우리샵 비즈니스에서의 목표 설정과 플랜 수립은 개인 차원에서는 간단하다. 지금까지 당신이 사용해온 물품의 구매처를 우리샵 플랫폼으로 옮기면 된다. 그렇다. 물품을 교체하는 것이 아니라 구매처를 교체하는 것이다. 소비 공간을 교체함으로써 비즈니스가 일어나는 구조이므로 목표와 플랜이 하나로 연결되어 있다.

사업 복제 차원에서의 목표와 플랜

우리샵 비즈니스 플랫폼을 이용하면 잠자는 중에도 소득이 일어나는 시스템을 구축할 수 있다고 했다. 우리샵 비즈니스는 무한 확장, 무한 적립의 시스템 구조와 보상 체계를 지니므로 플랫폼 안에서 당신의 시스템을 무한히 확장할 수 있다. 당신과 연결된 무수히 많은 시스템은 당신의 시스템과 수직 구조가 아니라 연대하고 협동하는 수평 구조의 친구들이며, 그렇게 연결된 시스템의 네트워크는 연봉 수억 원에 이르는 소득을 창출하는 공동의 농장이다.

이런 훌륭한 시스템도 비즈니스 목표를 설정하고 그에 따른 플랜을 수립하여 실행해야 의미가 있다. 아무리 훌륭한 시설을 갖춘 공항이라도 비행기가 운행되지 않으면 아무 쓸모가 없는 것과 마찬가지다.

목표는 구체적이고 현실적이어야 한다. 주기적으로 새로 설정되어야 한다. 목표가 달성될 때마다 새로운 목표를 설정하는 것이다.

목표는 단기, 중기, 장기로 구분하여 설정한다. 대개 단기는 6개월 안에 이룰 목표, 중기는 1~2년 안에 이룰 목표, 장기는 3년 이상이 걸릴 목표를 말한다. 동시에 각 목표에 따른 실행 플랜을 세워 실천한다. 목표를 설정하고 실행 플랜을 세우는 데도 스폰서나 업라인의 도움을 받으면 시행착오를 줄일 수 있다.

▶ 우리샵 비즈니스 시스템 복제 플랜

참여에 대한 플랜

우리샵 애용에 대한 플랜

3대 절대제품의 애용에 대한 플랜

월 15회 이상 STW에 대한 플랜

▶ 우리샵 비즈니스의 복제

복제의 시작은　　나부터 성공의　　나부터 시스템에　　성공의 8단계를
원본이다.　　　　8단계대로　　　　플러그인　　　　배우고 행하고
　　　　　　　　진행한다.　　　　해야 한다.　　　　가르치고
　　　　　　　　　　　　　　　　　　　　　　　　가르치게 한다.

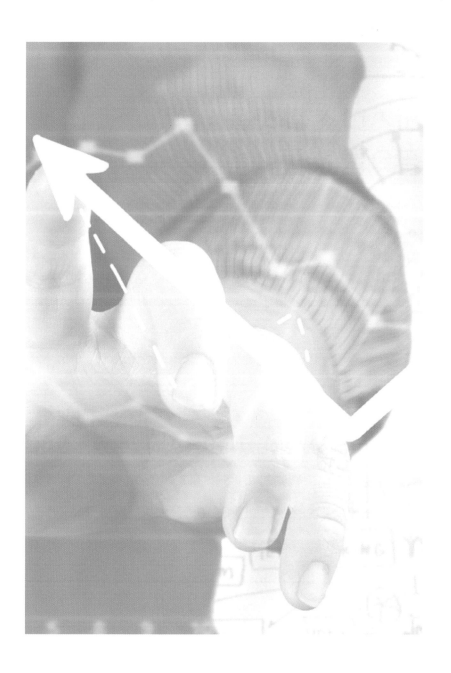

6장

비즈니스 확장을 위해 필요한 것들

비즈니스 세계에서는 숱한 성공과 실패가 엇갈리면서 번창과 몰락이 수시로 교차한다. 그러면서 드라마 같은 성공 신화들이 다양한 성공의 법칙과 비결을 금과옥조로 전파했다. 하지만 역동적인 비즈니스 세계는 살아있는 생명체와 같아서 늘 변화하고 성공에는 정해진 법칙 같은 건 없다. 어제의 성공 요인이 오늘은 실패의 요인이 되기도 한다.

사업의 성공은 얼마나
동기부여를 잘하느냐에 달렸다.
동기부여로 인해 오늘보다 나은 내일을
위해 무엇이든 해낼 의지가 고양되었을
때 잠재력이 폭발하여 능력을 발휘하게
된다. 내면에서 우러나오는 힘, 즉
동기를 얼마나 부여하느냐에 따라
성공과 실패가 갈리므로, 스스로
동기부여를 할 기회를 끊임없이
마련할 필요가 있다.

나에게 힘을 주는 동기부여

내면에서 우러나오는 힘, 동기

시련을 극복하고 실패를 거울삼아 앞으로 나아가게 하는 힘은 외부 조건이 아니라 내면에서 우러나온다. 그런 힘이 바로 동기(動機)로, '어떤 행동을 일으키게 하거나 마음을 먹게 하는 계기' 라는 뜻이다. 이런 동기를 갖게 하는 원동력이나 원천을 심어주는 것이 동기부여다.

강한 사람이 실패를 딛고 일어서거나 시련을 극복하는 것이 아니라, 실패를 딛고 일어서거나 시련을 극복하는 사람이 강한 사람이다. 내면의 힘을 끌어모아 외부의 장애와 도전을 이겨내는 사람은 동기부여를 잘하는 사람이다.

사업의 성공은 얼마나 동기부여를 잘하느냐에 달렸다. 동기부여로 인해 오늘보다 나은 내일을 위해 무엇이든 해낼 의지가 고양되었을 때 잠재력이 폭발하여 능력을 발휘하게 된다. 내면에서 우러나오는 힘, 즉 동기를 얼마나 부여하느냐에 따라 성공과 실패가 갈리므로, 스스로 동기부여를 할 기회를 끊임없이 마련할 필요가 있다. 성공한 사람을 만나 인터뷰를 할 수도 있고, 세계적인 사업자들이 연사로 나서는 강연회에 참석할 수도 있고, 특별한 여행을 할 수도 있다.

성공자와 함께하는 동기부여

사람마다 꾸는 꿈도 다르고 삶의 가치가 다른 만큼 성공의 기준도 다르다. 그리고 성공하고자 마음먹은 계기, 즉 동기부여의 배경도 다르다. 은퇴 후 인생 이모작을 열망하는 사람도 있을 것이고, 자녀를 해외로 유학 보내 돈이 더 필요해진 기러기 아빠도 있을 것이고, 부모님에게 전원주택을 선물하고 싶은 사람도 있을 것이다.

동기부여에는 스폰서나 업라인의 도움이 필요하지만, 스스로 동기부여를 받고자 하는 의지가 살아있어야 사업 선배들도 도움을 줄 수 있다.

우리는 어떻게 하면 동기부여를 고취할 수 있는지, 성공한 사업자들의 경험을 통해 알 수 있다. 그래서 동기부여를 고취하기에는 성공자와 함께하는 것이 가장 좋다.

동기부여를 고취하는 3가지 요소

1. 믿음이 잠재력을 깨운다.

자기 자신을 믿을 때 잠재력이 폭발한다. 자기가 하는 일의 가치를 믿고 그 미래 전망을 믿을 때 목표를 향해 나아가는 내면의 힘이 우러나온다.

2. 칭찬과 격려는 용기를 북돋는다.

자기가 되었든 다른 사람이 되었든 격려하고 칭찬하는 습관은 그 자체로 엄청난 동기부여다. 우리는 다른 사람을 격려하고 칭찬하면서 자기 자신도 격려를 받는다. '칭찬은 고래도 춤추게 한다' 는 말이 괜히 나온 게 아니다.

3. 꿈이야말로 동기부여의 샘이다.

네트워크 비즈니스는 보통사람들이 큰 꿈을 꾸게 하는 사업이다. 그러므로 동기부여가 중요하다. 동기부여는 보통사람도 특별한 능력을 발휘하게 하는 원동력이기 때문이다. 꿈꾸는 것 자체가 동기부여의 샘이지만, 막연한 추상에만 머물면 동기부여는 지속하지 못한다. 꿈을 실현하기 위해 구체적으로 노력하는 과정이 동기부여를 지속하게 한다.

리더십은 누구에게나 있다.
다만, 잠재되어 있을 뿐이다.
그 잠재된 리더십을 끄집어내
계발함으로써 리더로서 능력을
발휘하는 사람이 있는가 하면,
자기한테 리더십이 있는지조차
평생 모르고 사는 사람도 있다.

02

리더의 마인드와 자격

리더를 만드는 마인드

리더십은 누구에게나 있다. 다만, 잠재되어 있을 뿐이다. 그 잠재된 리더십을 끄집어내 계발함으로써 리더로서 능력을 발휘하는 사람이 있는가 하면, 자기한테 리더십이 있는 지조차 평생 모르고 사는 사람도 있다.

구성원 모두가 동반성장하는 개념으로 조직된 네트워크 비즈니스는 다른 어떤 분야보다 리더십을 필요로 한다. 특히 우리샵의 사업자가 되면 긍정적이고 적극적인 사고와 태도 전파하기, 스스로 동기 부여하기, 성공 노하우를 공유하고 이끌어주기 등 리더로서 해야 할 일이 많다.

리더를 만드는 마인드, 즉 리더에게 필요한 마인드는 다음 5가지로 정리된다.

① 열린 마인드

리더는 기존의 틀에 갇혀 있으면 안 된다. 새로운 모든 것에 열려 있어야 각기 다른 성향의 사람들을 편견 없이 아우를 수 있다. 또 실패를 두려워하지 않고 새로운 일에 도전할 수 있다. 리더는 각기 다른 성향의 사람들을 아울러 갈등을 조정하고 최선의 결과를 도출해야 하므로 열린 마인드가 꼭 필요하다.

② 결단의 마인드

무슨 일을 결정하기까지는 신중해야겠지만, 결정해야 하는 때가 오면 과감하게 결단을 내려야 한다. 그것이 바로 리더가 할 일이다. 아무리 좋은 기회라도 때를 놓치면 아무 기회도 아닌 것이 된다. 인생이든 비즈니스든 타이밍이다. 변화와 발전은 결단을 먹고 산다. 리더가 결단력이 없으면 변화와 발전을 이끌 수 없다. 우물쭈물하다가 망하고 만다.

③ 발전의 마인드

리더는 앞으로 나아가는 사람으로, 자기계발과 자기발전의 노력을 생활화하여 누구보다 변화에 적극적으로 조응하여 늘 더 나은 결과를 끌어낸다. 리더는 진취적이고 미래지향적이어서 과거에 얽

매이지 않으며, 변화와 도전을 두려워하지 않는다.

④ 동반자 마인드

진정한 리더는 군림하지 않고 동행하며, 명령하지 않고 솔선수범한다. 또 자기 주장만 옳다고 내세우는 독선에 빠지지 않고, 다른 의견을 존중하는 화합과 융합의 태도를 잃지 않는다. 리더는 다른 사람을 억압하는 대신 영감을 주는 활달하고 창의적인 사람이다. 리더는 혼자 잘난 척하지 않고 다른 사람을 밀어올림으로써 저절로 빛난다. 리더는 자기 이익을 더 많이 챙기는 사람이 아니라 기꺼이 손해를 무릅쓰고 자기를 희생하는 사람이다. 리더는 위험한 일에는 맨 앞에 나서고, 즐거운 일에는 맨 뒤로 빠지는 사람이다. 그래서 진정한 리더는 지휘자도 통솔자도 아니고 동반자다.

⑤ 대범한 마인드

리더는 대범해야 한다. 그래야 비상상황에서도 당황하지 않고 여유와 차분함을 유지할 수 있다. 사람이 여유를 잃고 조급해지거나 당황하면 판단력이 흐려진다. 대범하면 어떤 상황에서도 냉철한 판단력을 유지할 수 있다. 리더는 판단하는 사람이고, 그 판단을 바탕으로 결단하는 사람이다. 판단이 흐려지면 결정이 잘못

된다. 그러므로 리더는 대범한 마인드를 키워야 한다.

리더가 갖춰야 할 자격

자격을 가지고 태어나는 리더는 없다. 자격은 살아가면서 노력하여 갖추는 것이지 타고나지는 않는다. 그렇다면 리더가 갖춰야 할 자격에는 무엇이 있을까?

- 비전과 전략적 사고로 목표와 방향성을 제시한다.
- 구성원을 존중하고 신뢰함으로써 팀을 화합시킨다.
- 자기계발에 솔선수범하고 구성원의 성장을 돕는다.
- 열린 소통으로 정보를 공유하고 최고의 협업을 끌어낸다.
- 동기부여에 탁월한 능력을 보인다.
- 책임감이 강하고 팀에 헌신적이다.
- 유연성과 적응성이 뛰어나다.

일을 당할 당시에는 미처
몰랐던 것을 세월이 일깨워주는
깨달음이 있다. 또 사람한테는 아무리 깊은
마음의 상처라도 세월과 함께 내면의 힘으로
이겨내는 놀라운 회복력과 치유력이
잠재해 있다. 세월이 그것을 끄집어내
사용하는 것이다. 아픔의 세월이 지난
뒤에는 그 아픔의 체험이 자신을
인간적으로 더 성숙시키고
발전적으로 변화시킬 수 있다.

03

시간이 가르쳐주는 것들

위기는 우리를 단련한다

'세월이 약'이라는 말이 있다. 곧 죽을 것처럼 아픈 마음의 상처도 세월이 가면 아물어 희미해진다는 뜻이다. 우리가 살아가는 일상에서의 일들도 마찬가지로, 사람의 힘이 아닌 시간이 해결해주는 것들이 있다.

대개 상실과 갈등에 관한 일들은 당장 인위적으로 해결하기 어렵다. 그랬다가는 오히려 더 상처가 깊어지고 덧날 수 있다. 세월이 약이므로 기다려야 한다. 일을 당할 당시에는 미처 몰랐던 것을 세월이 흐르면서 가르쳐주는 깨달음이 있다. 또 사람한테는 아무리 깊은 마음의 상처라도 세월과 함께 내면의 힘으로 이겨내는 놀라운 회복력과 치유력이 잠재해 있다. 세월이 그것을 끄집어내 사용하는 것이다. 아픔의 세월이 지난 뒤에는 그 아픔의 체험이 자신을 인간적으로 더 성숙시키고 발전적으로 변화시킬 수 있다.

위기를 대하는 태도

- 이미 엎질러진 물에 매달리지 않는다.

- '이만하길 다행이라' 고 감사한다.

- '세월이 약' 임을 믿고 마음을 추스른다.

- 최악의 상황에서도 희망을 보려고 노력한다.

- 오히려 지금 하는 일에 집중하거나 새로운 일을 시작한다.

- 실패를 거울삼아 나쁜 습관을 버리고 좋은 습관을 들인다.

- 변화와 발전을 위한 담금질이라고 생각한다.

'나를 비롯하여 누구에게나
단점은 있게 마련이고, 누구나
실수할 수 있다' 고 생각하면 매사를
한층 너그럽게 생각할 수 있다. 누군가
실수를 하거나 잘못을 했을 때 '나도
그럴 수 있다' 는 사실을 잊지 않으면
그 문제를 바라보는 관점이나
처리하는 방식이 달라진다.

04

인간관계의 법칙

사람의 마음을 움직이는 법

인간관계의 대가 데일 카네기는 다른 사람에게 좋은 영향을 주고 건강한 관계를 만드는 3C 법칙, 즉 비판하지 않기(Criticize), 비난하지 않기(Condemn), 불평하지 않기(Complain)를 제시했다. 이 3C 법칙을 잘 지키면 사람의 마음을 움직여 인간관계가 놀랍도록 좋아진다는 것이다.

네트워크 비즈니스는 결국은 상품을 파는 사업이 아니라 사람의 마음을 사는 사업이다. 사람의 마음을 사면 상품은 저절로 팔리게 되어 있다. 그러므로 상품을 파는 노하우보다는 사람의 마음을 움직이는 법을 더 잘 알아야 한다.

그렇다면 어떻게 사람의 마음을 움직일 수 있을까?

- 사람은 저마다 다름을 인정하고 다른 사람의 개성을 존중한다.

- 다른 사람의 두려움과 걱정과 망설임을 이해하고 격려한다.

- 결과보다는 과정에 초점을 두고 용기를 북돋는다.

- 갈등이 생기면 먼저 손을 내밀고 대화를 청한다.

- 남을 탓하기 전에 자기부터 돌아보고 성찰한다.

이 5가지 사항을 잊지 않으면 데일 카네기의 3C 법칙은 저절로 지켜진다.

틀어진 인간관계 회복하기

친목 자리든 비즈니스 자리든 여러 사람이 어울리는 자리는 언제든지 오해가 얽히고 갈등이 생길 수 있다. 그리고 그 자리에서 오해를 풀거나 갈등을 해소하지 못하고 끝내 인간관계가 틀어지기도 한다. 서로가 끝까지 자기 관점만 고수하기 때문에 서로를 알려고 하지 않는다. 자기 관점에 상대를 굴복시키려는 자기 확신과 오기만 득세할 뿐 자기가 틀릴 수도 있다는 겸허한 의심은 들어설 틈이 없다. 서로 빈틈없는 사이에 분노만 가득할 뿐 화해의 씨앗은 먼지만큼의 낌새도 없다.

그러므로 상황을 해소하려면 관점을 바꿔야 한다. 자신의 관점에서만 문제를 보려 하지 말고 상대방의 관점에서도 볼 수 있어야 한다. 꼭 상대방의 관점이 아니라도 자신의 관점을 정반대로 바꿔보는 것이다.

스트레스가 우리 몸의 건강을 해치듯이 갈등은 인간관계를 해쳐 우리의 기운과 정신을 소진한다. 갈등은 깊어지면 분노와 증오를 불러 부정적인 에너지가 우리 모두를 태워버린다. 발전과 성장을 가로막고 퇴보시키고 추락시킨다.

그러나 인간관계는 한번 틀어졌다고 회복할 수 없지는 않다. 90도로 틀어졌으면 내가 먼저 45도쯤 돌아앉으면 된다. 그러면 상대방도 나머지 45도를 돌아앉게 되어 틀어진 각이 다시 제자리로 돌아간다. 그냥 단순히 그전의 상태로 돌아간 것이 아니라 그 과정에서 서로를 더 잘 알게 되고 자기의 편협한 관점을 버리게 되어 전화위복으로 아예 갈등의 뿌리를 제거하는 것이다.

틀어진 인간관계를 회복하는 열쇠로 다음 몇 가지를 더 들 수 있다.

- 사람 때문이 아니라 당시의 상황 때문에 오해가 생겨 관계가 틀어지는 일이 많다. 그러므로 상황을 좀 더 차분하게 들여다보면 오해를 풀고 관계를 회복할 실마리를 찾을 수 있다.
- 자신과 관점이나 생각이 다르면 무조건 틀렸다고 하는 데서 문제가 생긴

다. '틀린 게 아니라 서로 다를 뿐'이라고 관점을 바꾸면 갈등을 해소하기가 쉬워진다.

- 자신을 비롯하여 누구에게나 단점은 있게 마련이고, 누구나 실수할 수 있다고 생각하면 매사를 한층 너그럽게 생각할 수 있다. 누군가 실수를 하거나 잘못을 했을 때 자신도 그럴 수 있다는 사실을 잊지 않으면 그 문제를 바라보는 관점이나 처리하는 방식이 달라진다.

갈등과 오해를 방지하는 커뮤니케이션 원칙

1. 감정을 억제하고 사실만 전달한다.

갈등은 이성이 아니라 감정의 부딪힘이다. 문제를 직시하고 해결하기보다는 감정을 배설하는 바람에 문제가 더 꼬이고 갈등이 폭발한다. 감정이 날뛰려 하면 가라앉을 때까지 눈을 감고 심호흡을 한다.

2. 사람을 비난하기 전에 상황 파악부터 한다.

문제는 대개 사람이 아니라 상황에서 비롯한다. 그러므로 먼저 상황 파악부터 하면 사람을 탓할 일이 없다.

3. 문제를 제기할 때는 명확한 근거와 대안을 제시한다.

누가 크게 잘못했더라도 그 잘못에 대해서만 명확한 근거를 대며 문제를 제기하고, 사람은 비난하지 않는다. 문제에만 집중해야 서로 감정을 다치지 않고 문제를 해결할 수 있다.

4. 반대를 위한 반대를 하지 않는다.

반대를 위한 반대는 서로를 끝없는 갈등의 소용돌이로 밀어넣는 짓이다. 아무리 상대방이 미워도 그의 말이 타당하면 반대를 멈추고 그의 손을 들어준다. 그런 아량이 상대방뿐 아니라 자신도 살린다.

5. 한 사람을 여러 사람 앞에서 비난하지 않는다.

누구든 여러 사람 앞에서 꾸중을 듣거나 비난을 받으면 마음의 상처를 입고 원망하는 마음이 생긴다. 친구가 원수가 되는 순간이다. 칭찬이라면 여러 사람 앞에서 하고, 꾸중이라면 다른 사람이 없는 데서 한다.

6. 잘못을 깨달으면 즉시 시인하고 사과한다.

서로 잘못을 알면서도 시인하지 않기 때문에 갈등이 빚어지고 인간관계가 틀어진다. 잘못을 깨닫는 순간 즉시 시인하고 사과하면 싸울 일도 없고 밤이 편해진다.

네트워크 비즈니스가
성공의 패러다임을 바꿔놓았다.
사업자 기질이라곤 눈 씻고 봐도
찾을 수 없는 소심한 보통사람도
사업자로 날아오르게 하는 평등한
기회의 문을 활짝 열어젖힌 것이다.
시스템에서 제공하는 교육 프로그램에
따라 체계적으로 배우고 도움을
받으면서 차근차근 사업자로
성장하기 때문에 가능한 일이다.

시련과 실패를 극복하는 노하우

성공 교육의 최강자, 우리샵 |

비즈니스 세계에서는 숱한 성공과 실패가 엇갈리면서 번창과 몰락이 수시로 교차한다. 그러면서 드라마 같은 성공 신화들이 다양한 성공의 법칙과 비결을 금과옥조로 전파했다. 하지만 역동적인 비즈니스 세계는 살아있는 생명체와 같아서 늘 변화하고, 성공에는 정해진 법칙 같은 건 없다. 어제의 성공 요인이 오늘은 실패 요인이 되기도 한다.

그런 가운데 네트워크 비즈니스가 성공의 패러다임을 바꿔놓았다. 사업자 기질이라곤 눈 씻고 봐도 찾을 수 없는 소심한 보통사람도 사업자로 날아오르게 하는 평등한 기회의 문을 활짝 열어젖힌 것이다. 시스템에서 제공하는 교육 프로그램에 따라 체계적으로 배우고 도움을 받으면서 차근차근 사업자로 성장하기 때문에 가능한 일이다. 우리샵은 이런 교육 프로그램을 더욱 특화해서 운용한다. 네트워크 비즈니스계의 '교육' 최강자를 꿈꾼다.

실패를 실패로 남기지 않으려면

그렇게 해서 성공하기까지는 배우고 시행착오를 겪는 시간이 걸린다. 온갖 시련과 예기치 못한 실패가 발목을 잡는다. 이럴 때 주저앉으면 그동안 해온 노력이 일시에 물거품이 되고 만다. 실패를 성공의 자양분으로도 삼을 수 없다. 실패는 그저 실패로 남을 뿐이다.

그렇다면 어떻게 할 것인가? 시련과 실패를 넘어서는 방법은 5가지 정도로 요약된다.

- 성공한 사람의 경험담과 조언에 귀를 기울인다

본인의 실패는 징검다리 삼아 성공으로 가는 길을 한 걸음 나아갈 수 있지만, 실패한 사람에게서 배울 것은 별로 없다. 그는 아직 성공하는 법을 모르는 사람이다. 그 시간에 성공한 사람의 경험담을 듣는 것이 백배 낫다.

- 복제를 통해 습득하고 연마한다

시련을 극복하고 실패를 복구하는 데는 성공한 사업자의 사례를 복제하는 것만큼 효능이 뛰어난 약은 없다. 다양한 성공 사례를 반복적으로 복제함으로써 성공 DNA를 습득하고 연마하면 틀림없이 성공의 달콤한 열매를 맛볼 수 있게 된다.

- 실패를 분석하고 원인을 쪼개서 해결한다

네트워크 비즈니스의 가장 큰 걸림돌은 두려움이다. 거절에 대한 두려움, 실패에 대한 두려움, 막연한 두려움 같은 것이다. 또 자기 자신을 믿지 못하는 자기 불신도 걸림돌이다. 그런 가운데 실패를 겪고 나면 자신감은 바닥으로 떨어지고 만다. 이런 상태를 내버려두면 영영 패배자로 남고 만다. 꿈은 가뭇없이 사라지고 인생은 종 친다.

그러니 어떻게든 문제를 해결하고 실패를 건너야 한다. 그러기에 좋은 방법은 문제를 잘게 쪼개서 보는 것이다. 그러면 거대한 벽으로 느껴지던 문제도 만만해져서 해결 의지가 고취된다. 점검표를 만들어 하나씩 지워가면서 해결하는 것도 좋은 방법이다.

또 하나 좋은 방법은 핵심 문제에 집중하고 나머지는 관심을 접는 것이다. 자잘한 문제 대부분은 시간이 지나면 저절로 해결된다.

일을 만들 때도 선택과 집중이 필요하지만, 문제를 해결할 때도 때론 선택과 집중이 필요하다.

- 완벽한 사람은 없다는 걸 잊지 않는다

성공한 사람. 이 한마디 안에는 무수한 실패의 상처가 숨어 있다. 실패 없이 성공한 사람이 누가 있겠는가. 차이는 실패를 대하는 태도에 있다. 실패에 코를 박고 흐느끼는 사람은 끝내 실패하고 말지만, 실패를 베고 누워 단잠을 자는 사람은 끝내 성공하고 만다. 세상에는 완벽한 일도 없고 완벽한 사람도 없다. 불완전하므로 당연히 실수도 하고 실패도 한다. 문제는 벌어진 실수나 실패를 대하는 태도에 있다. 기죽지 말고, '그 정도면 괜찮다'고 자신을 격려하는 여유가 필요하다.

- 믿는 대로 이루어진다는 사실을 명심한다

자신감이야말로 성공의 가장 큰 자산이자 결정적인 열쇠다. 자신감은 두려움을 밀어내고 모든 새로운 만남과 새로운 시도를 설레게 한다. 설렘은 가장 강력한 동기부여다. 자기 자신을 굳게 믿으면 어떤 시련이나 실패도 자신을 넘어뜨리지 못한다.

위대한 꿈이 위대한 도전을 부른다

이제껏 세상을 놀라게 한 위대한 도전의 배후에는 예외 없이 위대한 꿈이 있었다. 쉬운 일은 굳이 꿈꾸지 않아도 된다. 현실에서는 불가능해 보이는 일이므로 꿈꾸는 것이다. 위대한 꿈은 상상하기조차 어려운 꿈이다. 하늘을 나는 것, 달나라에 다녀오는 것도 당시에는 비웃음을 살 만큼 허황한 꿈이었지만, 그것의 실현을 믿은 사람들의 힘으로 현실이 되었다.

위대한 꿈 없이 위대한 일을 이룬 사람은 아무도 없다. 위대한 꿈은 우리를 시련에서 건져내고 실패에서 일으켜 세운다. 꿈은 모든 위대한 업적의 배후이자 동력이다.

꿈은 우리를 성장시킨다. 그래서 그 꿈을 실현할 능력을 키워준다. 꿈꾸는 사람들이 인류 역사를 바꿔왔고, 각 분야에서 이정표를 세웠다. 세상에는 현실주의자와 꿈꾸는 사람이 있다. 현실주의자는 자기가 어디로 향하고 있는지 알지만, 꿈꾸는 사람은 이미 그곳에 가본 것이다.

미리 가서 본 것을 믿는 사람만이 희망을 품고 사랑을 품는다. 믿으면 모든 일이 가능하고, 희망을 품으면 덜 어려워지고, 사랑하면 한결 쉬워진다. 이 셋을 다 가지면 모든 일이 손바닥 뒤집듯 간단해진다.

변화는 곧 성장이다. 성장은 안정을 유보하는 것이지만, 성장 없는 삶은 진정한 삶이 아니다. 변화란, 익숙하지만 이미 한계에 봉착한 낡은 방식을 버리는 것이고, 안정된 일자리지만 보람 없이 마지못해서 하는 일을 포기하는 것이며, 시대착오적인 가치관을 바꾸는 것이고, 이미 무의미해진 인간관계를 내려놓는 것이다. 그래야 우리는 새로워지고 성장한다.

변화하고 성장하는 것은 혼자 할 수 있는 일이 아니다. 사람들과의 관계 안에서 이루어진다. 동료가 있고 친구가 있고 멘토가 있어야 한다. 그렇다면 어떻게 친구를 사귈 것인가?

다른 사람들이 내게 관심을 두도록 10년간 애써서 얻은 친구보다 내가 다른 사람에게 10개월간 관심을 쏟아서 얻은 친구가 더 많을 것이다. 관심은 사랑이다. 그 사랑이 신뢰를 낳는다. 네트워크 비즈니스에서 성공하는 데 무엇보다 필요한 덕목이다. 관심에서 사랑으로, 그리고 마침내 신뢰.

오늘날 미국에서 가장 위대한 작가로 꼽히는 오그 만디노는 세상의 "모든 모험 가운데 성공의 가장 큰 비밀은 사랑"이라고 했다. 완력은 방패를 쪼개고 삶을 파멸시킬 수 있지만, 사랑이라는 보이지 않는 힘만이 사람의 마음을 열 수 있기 때문이다. 그러면서 그는 "사랑의 힘을 믿는다면, '나'는 세상에서 가장 위대한 기적"이라고 했다.

"하늘 아래 우주 만물을 통틀어 나와 똑같은 사람은 단 한 명도 없다. 나는 세상에서 가장 위대한 기적의 산물이다. 내 가슴속에는 대대손손 이어져 내려온 불꽃이 활활 타오른다. 이 불꽃은 내게 용기를 심어주고 나를 격려한다. 내게는 주변을 관찰할 두 눈이 있고 생각을 다듬을 두뇌가 있다. 나는 인생의 비밀 한 가지를 발견해냈다. 실망, 낙담, 고통, 슬픔과 같은 비극의 본 모습을 들여다볼 수 있었는데, 우리에게 벌어지는 이 비극은 가면을 쓴 기회의 신이었다. 비, 바람, 돌, 나무, 강, 호수, 식물, 동물 모두 나처럼 탄생의 과정을 거쳤다. 하지만 다른 점이 있다면 나는 사랑을 받고 자랐으며 올바른 교육을 받았다. 나에게는 끝까지 삶을 유지해야 한다는 책임감이 있다. 내 존재가 바로 세상에 둘도 없는 가장 위대한 기적이니까."

그렇다. 세상의 모든 '나'는 저마다 다 기적이다.

당신이 생각한 마음까지도 담아 내겠습니다!!

책은 특별한 사람만이 쓰고 만들어 내는 것이 아닙니다.
원하는 책은 기획에서 원고 작성, 편집은 물론,
표지 디자인까지 전문가의 손길을 거쳐
완벽하게 만들어 드립니다.
마음 가득 책 한 권 만드는 일이 꿈이었다면
그 꿈에 과감히 도전하십시오!

업무에 필요한 성공적인 비즈니스뿐만 아니라 성공적인 사업을 하기 위한
자기계발, 동기부여, 자서전적인 책까지도 함께 기획하여 만들어 드립니다.
함께 길을 만들어 성공적인 삶을 한 걸음 앞당기십시오!

도서출판 모아북스에서는 책 만드는 일에 대한 고민을 해결해 드립니다!

모아북스에서 책을 만들면 아주 좋은 점이란?

1. 전국 서점과 인터넷 서점을 동시에 직거래하기 때문에 책이 출간되자마자 온라인, 오프라인 상에 책이 동시에 배포되며 수십 년 노하우를 지닌 전문적인 영업마케팅 담당자에 의해 판매부수가 늘고 책이 판매되는 만큼의 저자에게 인세를 지급해 드립니다.

2. 책을 만드는 전문 출판사로 한 권의 책을 만들어도 부끄럽지 않게 최선을 다하며 전국 서점에 베스트셀러, 스테디셀러로 꾸준히 자리하는 책이 많은 출판사로 널리 알려져 있으며, 분야별 전문적인 시스템을 갖추고 있기 때문에 원하는 시간에 원하는 책을 한 치의 오차 없이 만들어 드립니다.

기업홍보용 도서, 개인회고록, 자서전, 정치에세이, 경제 · 경영 · 인문 · 건강도서

모아북스 문의 0505-627-9784
MOABOOKS

**우리집 건강 주치의,
〈내 몸을 살린다〉시리즈 살펴보기**

1. 비타민, 내 몸을 살린다
2. 물, 내 몸을 살린다
3. 영양요법, 내 몸을 살린다
4. 면역력, 내 몸을 살린다
5. 온열요법, 내 몸을 살린다
6. 디톡스, 내 몸을 살린다
7. 생식, 내 몸을 살린다
8. 다이어트, 내 몸을 살린다
9. 통증클리닉, 내 몸을 살린다
10. 천연화장품, 내 몸을 살린다
11. 아미노산, 내 몸을 살린다
12. 오가피, 내 몸을 살린다
13. 석류, 내 몸을 살린다
14. 효소, 내 몸을 살린다
15. 호전반응, 내 몸을 살린다
16. 블루베리, 내 몸을 살린다
17. 웃음치료, 내 몸을 살린다
18. 미네랄, 내 몸을 살린다
19. 항산화제, 내 몸을 살린다
20. 허브, 내 몸을 살린다
21. 프로폴리스, 내 몸을 살린다
22. 아로니아, 내 몸을 살린다
23. 자연치유, 내 몸을 살린다
24. 이소플라본, 내 몸을 살린다
25. 건강기능식품, 내 몸을 살린다

**우리집 건강 주치의,
〈내 몸을 살리는〉시리즈 살펴보기**

1. 내 몸을 살리는, 노니
2. 내 몸을 살리는, 해독주스
3. 내 몸을 살리는, 오메가-3
4. 내 몸을 살리는, 글리코영양소
5. 내 몸을 살리는, MSM
6. 내 몸을 살리는, 트랜스터팩터
7. 내 몸을 살리는, 안티에이징
8. 내 몸을 살리는, 마이크로바이옴
9. 내 몸을 살리는, 수소수
10. 내 몸을 살리는, 게르마늄

각권 3,000원

**〈내 몸을 살린다, 내 몸을 살리는〉
시리즈가 특별한 이유**

1. 누구나 쉽게 접할 수 있게 내용을 담았습니다. 일상 속의 작은 습관들과 평상시의 노력만으로도 건강한 상태를 유지할 수 있도록 새로운 건강 지표를 제시합니다.

2. 한 권씩 읽을 때마다 건강 주치의가 됩니다. 오랜 시간 검증된 다양한 치료법, 과학적·의학적 수치를 통해 현대인이라면 누구나 쉽게 적용할 수 있도록 구성되어 건강관리에 도움을 줍니다.

3. 요즘 외국의 건강도서들이 주류를 이루고 있습니다. 가정의학부터 영양학, 대체의학까지 다양한 분야의 국내 전문가들이 집필하여, 우리의 인체 환경에 맞는 건강법을 제시합니다.

반갑다 호전반응
정용준 지음
108쪽 | 값 7,000원

약보다 디톡스
조은정 지음
136쪽 | 값 9,000원

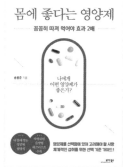

몸에 좋다는 영양제
송봉준 지음
320쪽 | 값 20,000원

해독요법
박정이 지음
304쪽 | 값 30,000원

공복과 절식
양우원 지음
267쪽 | 값 14,000원

자기 주도 건강관리법
송춘회 지음
280쪽 | 값 16,000원

**이렇게 살아도
되는 걸까?**
백상철 지음
112쪽 | 값 3,000원

**불황에도
생존하는
비즈니스 대체
뭐길래 난리야?**
김청흠 지음
120쪽 | 값 5,000원

그게 가능해?
서진숙 지음
150쪽 | 값 7,000원

우분투 수입
김종규 지음
160쪽 | 값 9,000원

**네트워크
비즈니스가
당신에게 알려주지
않는 42가지 비밀**
허성민 지음
132쪽 | 값 6,000원

액션플랜
이내화 지음
208쪽 | 값 9,000원

**감사의 습관이
기적을 만든다**
정상교 지음
246쪽 | 값 13,000원

나인레버
조영근 지음
242쪽 | 값 12,000원

**성장을 주도하는
10가지 리더십**
안희만 지음
272쪽 | 값 15,000원

**1등이 아니라
1호가 되라**(양장)
이내화 지음
272쪽 | 값 15,000원

**스피치의 재발견
벗겨봐**
김병석 지음
256쪽 | 값 16,000원

**행복한 노후
매뉴얼**
(2022 세종도서
교양부문 선정)
정재완 지음
500쪽 | 값 30,000원

월 1억, 우리샵 비즈니스

초판 1쇄 인쇄 2023년 10월 30일
1쇄 발행 2023년 11월 03일(5,000부)

지은이 전호근
발행인 이용길
발행처 **모아북스**
  MOABOOKS

감수인 김예원
관리 양성인
디자인 이룸

출판등록번호 제 10-1857호
등록일자 1999. 11. 15
등록된 곳 경기도 고양시 일산동구 호수로(백석동) 358-25 동문타워 2차 519호
대표 전화 0505-627-9784
팩스 031-902-5236
홈페이지 www.moabooks.com
이메일 moabooks@hanmail.net
ISBN 979-11-5849-220-5 03320